Révolution

變革的力量

Emmanuel Macron
馬克宏……………著　林幼嵐……………譯

目錄

contents

前言

面對這個世界的眞實，能讓我們重新找到希望。

有些人認爲我們的國家在走下坡，更糟糕的還在後頭，我們的文明正消逝中。我們眼見的唯一未來，只能是萎縮或內戰。爲抵禦世界的巨變，我們得重返舊時代，以上個世紀的方法來應對。

另一些人則認爲法國可能以很緩慢的速度持續沒落，政治派系輪替的競爭讓我們苟延殘喘。左派式微之後，又輪到右派登場。多年來始終如此，都是同樣的面孔，同樣的人物。

我相信這些人都錯了。行不通的就只是他們的模式和方法，但整體而言這個國家並沒有失敗。國家隱約意識到了，也感覺到了。因而造成人民與政府漸行漸遠。

我相信我們的國家擁有向前邁進的力量、動力與渴望；其歷史和人民能夠接下這個任務。

我們進入了一個全新的時代。全球化、數位化、與日俱增的不平等、氣候變遷的威脅、地緣政治的衝突、恐怖主義、歐洲的分裂、西方社會的民主危機，以及深植在我們社會中心的懷疑：這些都是世界動盪不安的徵兆。

對於這樣的巨變，我們不能再以同樣的人物、同樣的思維應對；幻想時光可能倒流，或覺得只要修正、調整我們的組織和「模式」就可以——有些人喜歡這樣稱呼，但卻沒有人、甚至連我們自己，都不想再借鑒於這樣的舊模式。

我們也無法向法國人民保證危機會有出口，而要求他們無止盡地努力——因爲根本沒有能走出危機的路。三十年來，我們的領袖們不停抱持著這種態度，導致了疲乏、不信任感，甚至是憎惡。

我們得一起正視眞實，討論這些進行中的巨變。我們應該要到哪裡去，得選擇哪條路？這段旅程曠日廢時，因爲這一切並非一蹴可及。

比起他們的領導者，法國人面對時代的新要求時更有自覺。他們不那麼墨守體制，也不像政客爲了自己的政治生涯，而甘於固守舒適圈中既定的思考模式。

我們必須放棄自己的習慣——國家、政治領袖、政府高層、企業主管、工會、以及政府與個人之間的中介組織（corps intermédiaires）。這是我們的責任，逃避或滿足於現狀，都是錯誤。

我們已經對一個令人混亂的世界習以爲常了；但我們在內心深處並不想承認，或是正視這個世界。所以人們埋怨、發牢騷，在悲劇與絕望中，恐懼深植人心，我們一直游盪於其中。我們想要改變，卻也不是眞的抱著什麼期望。

若我們想前進、讓法國成功，並讓我們的歷史一脈相承，在二十一世紀打造一片榮景，就必須採取行動——因爲解決方式取決於我們。答案並不是建立在一連串根本行不通的提案上，也不會在達成失衡的妥協後，就突然水落石出；國家所仰賴的各種解決方式，都是以徹底的民主革命爲前提，需要時間，也只依一件事情而定：我們的團結、勇氣，與共同意志。

我所相信的，就是這樣的民主革命。無論在法國或歐洲，我們都以此引領我們自己的革命，而不是屈從就範。

我打算在接下來的章節勾勒的，就是這種民主革命的樣貌。沒有時程表，也沒有不計其數的提案，把我們的政治生活弄得像一本滿載幻滅希望的目錄。相反地，我要呈現的，是一種願景、一段記事，與一份意志。

因爲，法國人都有他們自己的意志，但常被政府忽略。我希望支持的，就是這份意志。我唯一渴望的，就是能夠有益於自己的國家；這就是我決定參選法國總統的原因。

我衡量著扛起這重責大任的要求，也知道我們的時代有多沈重，但對我而言，也沒有其他顯得更可敬的選擇，因爲這和你們想去做的一樣——**重建一個法國，並在這次的行動中，重新找回我們的能量和自信；一個有膽識、充滿抱負的法國**。

我由衷相信著二十一世紀——這個我們終於踏進的二十一世紀——充滿希望，處處都是能讓我們更加幸福的**變革**。

這就是我想帶給各位的。

這將是一場我們爲法國而戰的戰役，在我看來，沒有什麼比這更令人振奮的了。

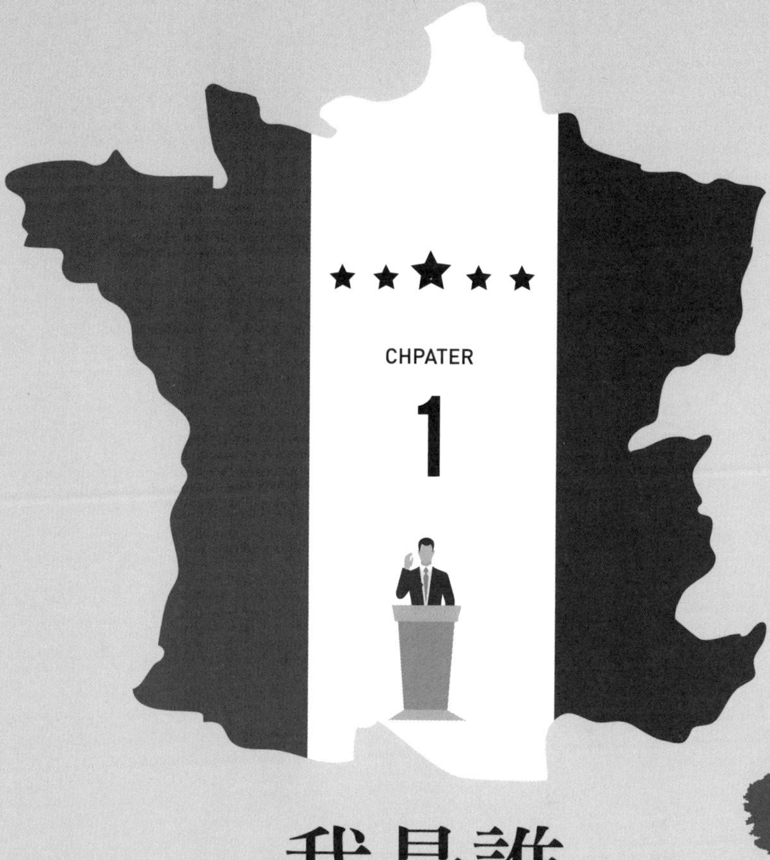

CHPATER

1

我是誰

在開始這段旅程時，我必須自述我的出身及信念，公共生活畢竟很難讓我完整表白。我三十八歲[1]。我擔任經濟財政部長，以及現在的參選，都不是什麼命中注定的事。其實我不太能解釋這些過程，卻只看得到結果——實際上，這一直都尚未完結，源自我從前的投入，源自對完整自由的熱愛，當然，也是因爲幸運。

一九七七年十二月，我出生於皮卡第的首府亞眠，來自醫師世家。我的家庭最近才終於靠著努力及才幹，進入了——或是人們以前所謂的「晉升」成——布爾喬亞階級（資產階級，Bourgeoisie）。祖父母與外祖父母從事的是教師、鐵道員工、社工助理和造橋鋪路的工程師，全都來自平凡家庭。我家族的故事，就是一個位於法國外省，在上庇里牛斯省和皮卡第之間的共和黨家庭的奮鬥史。這次的晉升是藉由知識，或更精確地說，對上一代而言，他們仰賴的是醫學。對我的祖父母來說，這是一條康莊大道，因此把自己的孩子紛紛推上這條路。我的父母親，以至於現在我的兄弟姐妹，就是這樣成爲醫師的。我是唯一一位沒有依循這條道路的人。但這絕不是因爲討厭醫學，而是我向來對科學比較有興趣。

然而，到了選擇要過什麼人生的那一刻，我想要的，卻是一段專屬於我的旅程、一個我自己的世界。從有記憶以來，我的願望始終都是選擇自己的人生。我很幸運有這樣的父母，鼓勵我認眞學習，將教育視爲自由的訓練。他們從不強迫我，並讓我成爲注定成爲的那個人。

因此，我決定讓自己在生命中的每個階段，都能發現一項眞理。事情並不總是容易，但也不複雜。我得非常努力，可是甘之如飴。我嘗過失敗的滋味，有時摔得鼻青臉腫，但我不會允許自己放棄，因爲那是我的選擇。就是這幾年的見習生活，讓我將這些信念深深烙印在心中：再也沒有什麼事情，比能夠選擇自己未來的自由、追尋爲自己設定的計畫、以及實踐自己可能在任何方面的天賦，要來得更珍貴；每個人都有他的天賦。接著，這份信念也讓我下定決心投入政治，這讓我對秩序、地位與階級等種種充滿不公的冷漠社會很敏銳——在這樣的社會裡，一切都在妨礙個人的成長，看這造成的結果多嚴重啊！

1譯注：撰寫時年紀，現爲四十二歲。

我的祖母教會我努力用功。從五歲開始，只要一放學，我就花很長的時間跟在她身邊學習文法、歷史、地理……以及閱讀。我會花上整天的時間高聲朗讀給她聽，讀莫里哀（Molière）、拉辛（Racine），還有一位有點被世人遺忘、但她很喜歡的作家喬治・杜亞梅（George Duhamel）；再加上莫里亞克（Mauriac）和居歐諾（Giono）。祖母和我的父母分享她對學習的見解，而我的童年，充滿她對每次考試結果的擔心與期待——即使是最不重要的小考。

我的奢侈享受就是如此，這是無價的。我有一個關心我的家庭。有某段時間，他們似乎只關心那些考試和作答的試卷；而對此，他們用一段雷歐・費亥（Léo Ferré）的歌詞來表達他們的關懷，那首歌總能令我感動：「别晚歸，别著涼。」

這句話撫慰了我的童年，也包含了一部分比什麼都重要的特質：溫柔、自信，以及做對的事的渴望。很多人沒有我這麼幸運，因此，接下來他們能做的，自然就是另一回事了。但正因如此，在我現在思考共和國學校制度[2]時，一定會想起我的家庭，其價值觀深刻符合學校的教誨；我也一定會想起這些教師，對他們來說，盡力克服限制、讓他們的學生達到最好的成就，就是一種榮耀。很少國家能有這樣的專注、毅力和愛；我們必須確保未來的世代，注意得讓這股火焰延續下去。

我就是這樣在書堆中度過童年的，和現實世界有點脫節。那是一種在法國外省城市彷彿靜止、充滿閱讀與書寫的幸福生活。我大多仰賴文本與字句過日子。事物經過描述，就會變得更有深度，偶爾甚至比眞實還要眞實。文學那祕密且深刻的內涵凌駕於表象之上，那些在我們生活日常中只會擦身而過的事物，文學卻能夠賦予世界所有的深度。在我們閱讀時，眞實的生活並沒有缺席。因此，我只靠心靈旅行，藉由作家的風格、更經由他們所施的魔法，來認識自然花木。我從柯萊特（Sidonie-Gabrielle Colette）的作品中知道貓是什麼、花是什麼；從居歐諾那裡接觸到普羅旺斯的冷風，以及各個角色的眞正樣貌；紀德（André Paul Guillaume Gide）和考克多（Jean Maurice Eugène Clément Cocteau）是我無可取代的夥伴。我在父母、手足及祖父母的陪伴中，過

2 譯注：一八八〇年代，法國教育部長費里（Jules Ferry，1832-1893）奠定了現代共和國學校（l'école républicaine）的基礎，確立公立教育免費及去宗教化的基本原則。

著幸福的隱居生活。

對我的父母而言，學業是非常基本的。他們總是這樣極度的關注尊重著我，讓我自己選擇，建構出我的自由。

但對祖母來說，文學、哲學以及其他大作家重於一切。學習讓她得以徹底改變她的人生。她出生於巴涅爾－德比戈爾（Bagnères-de-Bigorre）的普通家庭，父親是車站站長，母親是清潔婦。她的兄姐都得先投入職場，她是家裡唯一一位拿到文憑的小孩。她媽媽不識字，爸爸的閱讀能力很糟，分不出細微的差異。她告訴我一件就學時的往事：國小五年級時，她帶了成績單回家，上面寫著「從各方面看都是好學生」，但爸爸誤看作風輕浮，還因此賞了她巴掌。接著，在畢業那年，她遇上了一位知道她與眾不同的哲學教授。爲了得到文憑，他督促她藉由函授課程繼續修習文學；她在戰前幾年辦到了，這紙文憑讓她得以帶上她的母親，到尼維爾（Nevers）去教書。當時，她的母親就是我們現在所謂的家暴婦女，而她直到最後一刻，都一直陪在媽媽身邊。

我的祖母是一名教師。在寫下「教師」這個詞的時候，我希望可以剝除其在行政瑣事上的那層意義，重新賦予那活潑熱情的光輝，對奉獻精神的實踐，以及令人欽羨的耐心。我還記得她以前的學生寫來關於她們來訪的信。她已經讓她們看見了這條由知識通往自由的道路。再說，這並不是一條荊棘滿布的道路——課後，大家一起邊聽蕭邦、邊喝熱可可，邊讀季洛杜（Giraudoux）。我的祖母和她的學生們來自相同的社會階層，都是皮卡第的工匠或農夫的女兒。她用她已熟知的前進歷程引導她們，爲其打開知識、良善，也或許是無限可能的大門。

那時，這個家裡還有很多需要對抗的成見。沒有什麼事能阻止祖母，這當然是因爲她天性樂觀；但主要還是因爲她想要傳達的——她自己也見證過——是所謂文明最崇高的意義；還有，不能忍受女性從這文明的意義被剝奪，事關我們所有人的集體光榮。

我也許是她最後一個學生。現在她已經不在了，但我仍然每天都會想起她，沒有一天不在尋求她的關注。這並不是因爲我想徵詢她再也不可能給我的同意，而是因爲在我所從事的工作中，我想表現出的，是我對得起她的教誨。最近幾年我時常想起，那些蒙著面紗的年輕穆斯林女性，在學校或在大學的樣子。我覺得奶奶應該會很惋惜，因爲愚民政策[3]的壓迫，阻止了這些年輕女孩接觸自由且屬於個人的眞正知識。但因爲她將一生都奉獻在女子教育上，也能夠衡量得出，即使是在我們這樣的國家，女子教育也並非理所當然。我想她會很失望，因爲我們無法找出比禁止與對立更好的方法；這種充滿敵意的本性，和其本來應該呈現出來的事物背道而馳。在這個領域，要是沒有愛，我們什麼都做不來。

我很幸運。我還記得祖母的臉，記得她的聲音，記得我們的回憶，記得她的自由，也記得她的堅持。

我還記得那些清晨，我會到她的房裡找她，她會告訴我她和那時的友人們在戰時的故事。還是個小孩的我，每天都會從前一天談話被打斷的地方接下去，我就像反覆閱讀一部小說般，在她的人生中旅行。她的房間充滿咖啡香，有時，她在半夜就開始沖煮。如果早上七點我還沒到她房間報到，隨著她假裝擔心的驚呼：「還沒起床嗎？」我的房門就會微微打開。我也記得所有那些我不想寫出來，卻將我們永恆聯繫在一起的事物。

我和父母的談話也總圍繞著書本打轉。我從他們身上接觸到的是另一種類型的文學，更具哲學性，也更加當代。持續幾個小時的醫學相關討論、醫院生活、醫療實踐和研究的發展，也是這些沒完沒了的辯論所探討的主題。幾年後，我哥哥羅宏（Laurent）成了心臟科醫師，姐姐艾絲黛爾（Estelle）成爲腎臟科醫師，他們接下我雙親的棒子。

其實，這幾年來，為了追尋自由，我學到了求知的努力和欲望。從那之後，我就發現了繁忙活動以及責任的樂趣，也很清楚遠離人類喧擾的靜謐幸福。保護我們的，是我們的根源；而且我相信這也賦予了我們智慧。

我也只有另外兩種興趣：鋼琴和戲劇。我從小就熱愛彈琴，熱情至今絲毫不減。戲劇則是青少年時期才開始接觸，彷彿是一種啓發。我曾經在舞台下和祖母暢談一起欣賞過的無數內容，看其他人演出，一起創造並實現讓觀眾大笑與感動的那一刻。

我就是在高中，經由戲劇才認識碧姬（Brigitte）。一切就是發生得這麼不知不覺，我戀愛了——想法上的志同道合，日復一日逐漸發展成感性的貼近，接著毫無掙扎地，轉變為持續至今的激情。

連續好幾個月的週五，我都會花上幾個小時和她一起寫劇本，也決定一起演出完成

3 譯注：愚民政策（obscurantisme）指政體蓄意隱藏或選擇性隱藏事實，造成資訊不公開與不對等，以矇蔽或扭曲人民對實際訊息的理解。

的作品。我們無話不談，創作劇本變成只是個藉口。我意識到我們一見如故。

幾年後，我終於成功過著自己想要的生活。即使反對聲四起，我們倆仍然形影不離。

十六歲時，我離開家鄉，前往巴黎。許多法國年輕人都是這樣離鄉背井。對我來說，這是一段最美好的旅程。我住在只存在於小說中的地方，走在福樓拜（Flaubert）和雨果（Hugo）筆下的人物走過的路上，猶如巴爾札克書中年輕的狼，讓那貪婪的志望把我帶走[4]。

我也熱愛在巴黎左岸的聖傑內芙耶芙山（Montagne Sainte-Geneviève）高處度過的那些年。

日復一日，我不停學習。但我得坦承，我在亞眠時每年在班上都名列前茅，現在卻不特別傑出。我發現自己周圍有一些前所未見的才子，還有眞正的數學天才，可是我卻花了更多時間在用功。我也必須承認在巴黎前幾年過的，是我自己選擇且熱愛的生活，而不是投入同窗間的競爭。

我有一個目標，一個執念：和所愛的人一起，過著我選擇的生活。爲了達成目的，我什麼都做。

一般大學的門還是沒有對我開放，因此我決定進入巴黎第十大學（Université Paris Nanterre）攻讀哲學，接著，完全意想不到地進入巴黎高等政治學院就讀。

這些年我過得很快樂，不斷活躍於自由學習、發現與邂逅之間。我喜歡這些場合，也喜歡那些教我很多事情的人。我很幸運，得以認識哲學家保羅・利科（Paul Ricœur）；因爲我的歷史教授，就是爲他撰寫傳記的那位充滿耐心的作家。這次碰面對我來說無比幸運，因爲他剛好在找人幫他歸檔文件。

我永遠也忘不了我們在他的住處——夏特內馬拉布希（Châtenay-Malabry）的白牆一起度過的最初幾個小時。我聽著他說話，卻完全不覺得害怕。我得承認，那出自於我

---

4 譯注：此爲法語中描述滿懷抱負的年輕男子的一種修辭方式，借自貫穿巴爾札克（Honoré de Balzac，1799-1850）包括《高老頭》的幾部作品中的虛構角色赫斯提涅（Eugène de Rastignac）；他來自昂古萊姆（Angoulême），到巴黎修習法律，爲首都的繁華及富裕的生活方式大開眼界，也因此被深深吸引，自此決定成爲上流社會的一員。之後，「Rastignac」一詞便用於野心勃勃，爲達目的不惜一切的人。

徹底的無知——因爲我沒讀過利科的書，因此他並沒有特別讓我印象深刻。入夜了，我們沒有開燈；我們開始覺得氣味相投，繼續談話。

自從那天晚上，我們就建立起一種獨特的關係，我處理他的文字、提供意見，陪著他去講課，在他身邊學習超過兩年。我還不夠資格扮演這個角色，但他的信心迫使我成長。托他的福，我每天都閱讀，每天都學到新事物。他認爲他的作品像是名作的延伸閱讀；他常把自己比喻成站在巨人肩膀上的矮人。在我深深被改變的這幾年中，奧利維・蒙詹（Olivier Mongin）、馮索瓦・多斯（François Dosse）、凱薩琳・戈登斯坦（Catherine Goldenstein）、泰勒絲・杜弗洛（Thérèse Duflot）時常在適當的時刻，善意地現身提點。

在利科身邊，我對上一個世紀變得熟悉，也學會思考歷史。他教我在處理某些主題、某些悲劇時刻，應該抱持嚴肅的態度；也教我如何在持續來回於理論與現實之間，去思考文本，與生活接軌。保羅・利科活在文本中，但他同時懷著一股志向，想要照亮世間萬物的運行，並爲日常生活建構意義。對於說來就來的情緒，或是傳聞，他從不退讓。絕對不把自己封閉在某個無法和眞實生活分庭抗禮的理論中。就是在這種常態但成果豐碩的不平衡中，思想才能進步，政治轉變才可能發生。

我們會成爲在導師左右學習的那種人。這次在知識上的見習深刻地改變了我。利科就是如此，他的要求嚴格，對眞實有幾近偏執的執著，對人也抱持著信心。我很幸運，我知道我很幸運。

在這幾年裡我開始相信，讓我深受鼓舞的不僅是學習、閱讀或融會貫通而已，而是適切地行動以及試著帶來具體的改變。因此，我開始轉向法律與經濟，選擇走上公共行政這條路。我和幾位到現在還很親、直到今天還陪在我身邊的朋友，一起準備法國國立行政學院（l'École nationale d'administration）的考試。

我錄取了，並且很快就被派到政府部門，進行一年的實習。最初的經驗就是在這裡累積的，實際上，這裡也是公務人員開始接受培訓的地方。

我很享受這一年的實習與觀摩。我從來不主張廢除國立行政學院。在這世上的其他人都隨著時代改變時，我們系統裡的缺陷，其實是這些受到過度保護的高層公務員。

因此，我在奈及利亞的法國大使館開始服公職。在那裡的六個月，我有幸跟著傑出的大使尙馬克・西蒙（Jean-Marc Simon）工作。接著，我被任命到瓦茲省政府做事。這讓我發現了國家的另外一面。富有在地性的國家、當地的民選代表，以及公共行政。這些月，我懷著滿腔熱誠，也在這段期間，建立起一些至今仍然很堅定的友誼；其中，和我最要好的就屬米歇爾・周（Michel Jau）。

那時，我結識了亨利・艾赫蒙（Henry Hermand）；他對我來說非常重要，最近才剛離開我們。從一開始，我們的關係就同時是親密的友誼，也共享對政治參與的熱情。這個獨特的男人不只是成功的企業家，也是這幾十年來同行在法國進步主義之路上的夥伴；引薦我與米歇爾・羅卡爾（Michel Rocard）相識的就是他。

他們在二〇一六年的幾個月間相繼離世。這十五年間，我和他們持續碰面。有私人聚會，也爲討論個人事務及政事。即使不看年齡、經驗和擔任的公職，米歇爾・羅卡爾和我都是天差地遠。他比我更具備黨的教養，也更有想全力改變黨的意願。他對知識的苛求、他的決心及友誼讓我難以忘懷。他是第一個把憂天下的想法深深烙印在我心裡的人——不管是擁有深厚悠久歷史的國際議題，或是他三十年來一直捍衛的氣候問題，包括對南北極的保護。

就讀於國立行政學院，對我來說是一段出乎意料的經過。我不算眞的有什麼明顯的職業志向，也沒有視爲模範的標準。我的排名出乎意料地好，讓我有選擇的機會。財政督察對我來說是一片新大陸；當然，這還是屬於行政領域，但對我而言，這具有新事物的魔力。在這四年半間，我學到了稽核的嚴格，得到四處奔走的豐富經驗，看見公共行動的密切團結，以及來自集結許多人心血的合作。

我因此得以在國內來來回回，在特魯瓦、土魯斯、南錫、馬羅尼河畔聖洛朗和雷恩這幾個城市間，度過好幾週。我們就在這些充滿同僚情誼的時刻，學會分析和解構組成國家及公務員的多重機制。

我就是在那時，成爲賈克・阿塔利（Jacques Attali）所主持的法國經濟解放成長委員會（Commission pour la libération de la croissance française）的副報告人。那六個月裡，我有幸能在阿塔利身邊，和一個四十人組成的委員會一起工作；其中不少委員也和我結爲好友。這個委員會對我來說是很好的契機，讓我得以認識這些出類拔萃的女士與男士——這些構成法國面貌的學者、公務員和企業家——也獲得從他們身上學習的機會；我也得以藉此接觸多樣化的課題，至今對這些課題的興趣仍絲毫不減。

這些年後，我選擇離開人們所謂的「公職」生涯，投入私領域以及商業的世界。我想要從中學到基礎，在挺身面對這些國際議題的同時，也很清楚自己有一天會重返公共事務。在這幾年中，藉由在《精神》（*Esprit*）雜誌工作，或在某時期常拜訪尚－皮耶・謝維納蒙（Jean-Pierre Chevènement）的親信，我對政治一直維持著濃厚的興趣；接下來的過渡期我在一個社會主義的黨服務，在其中卻找不到自己的位置；時間雖然短暫，但至少這次經驗，讓我能夠在探索加萊海峽區域時，隨著時光的流逝，和家人建立我們之間的緊密連結。

我就這麼離開了公共領域，進入羅斯柴爾德投資銀行。銀行的一切對我來說都是全新的。這幾個月，我不只和一些比較年輕的同事一起，也和經驗豐富的同事，學到了做事的方法和技巧。接著，經過幾位純熟老到的銀行家的指導，我更深刻了解這個獨特的職業，其所要求的能力，是能夠深入領會某個經濟領域與其產業風險，並爲其決策者建議幾個可能的策略選擇；還得在一群技術專家的包圍下，成爲他的後援，一起執行該策略。這些年來，我意識到商業的可觀力量；但更重要的，是我學到很多這世界的運作。

我不認爲活在商業中的生活，才夠資格作爲這時代最終願景的那種讚揚與熱衷；卻也不贊同視金錢爲惡疾，批評其爲人吃人般的剝削的尖銳批判。這些觀點在我看來，明顯帶有幼稚的浪漫主義，不合時宜。

我花很多時間和出色的同事相處。事實上，達維．羅斯柴爾德（David de Rothschild）運用他的智慧與風度，很清楚如何把人才留在身邊——以這些人的獨特性格，正常來說，他們是沒辦法一起工作的。而這份職業不只是管理金錢，不在於貸款或投機。這是一份顧問性質的專業，他眞正的價值，就在於這些人。

在銀行工作的這四年，我毫無遺憾。這些年讓我一直遭受非難，因爲不了解這個世界的人，對其運作總存有一份幻想。我在那裡學到眞正的專業——所有政治人物都應該要有。那時，我新接觸到的幾個領域、許多國家，讓我受用至今。我時常拜訪決策人物，這總讓我受益良多。我得以豐衣足食，但也不算富裕到能不用工作。

二〇一二年，爲了堅持自己的信念，我選擇離開銀行，重新回到公職。在那之前的兩年，我就已經決定投入政治，就是爲了回應馮索瓦·歐朗德（François Hollande）的需求，準備左派之改革派在經濟領域的綱領與理念。選舉後，這位新任法國總統建議我加入艾麗榭宮的團隊。就這樣，我作爲負責歐元區及經濟事務的副祕書長，在歐朗德身邊服務了兩年。

這幾年——因爲我爲國家服務——所以我並無權透露細節。忠告這種事，對於接受他們的人，才是眞正有用的。我希望我提供的建議是受用的——不管他們有沒有被採納；當然，我的建議有時也會毫無用武之地，這無庸置疑。我爲這一切負責，並不是每件事情都面面俱到。兩年後，我要求離職，在二〇一四年七月離開艾麗榭宮。

我不追求政治人物的地位、在大公司裡當上主管，或是擔任政府公職——如此才能讓我的經歷有用武之地。我比較喜歡獨立作業，自己動手進行新計畫，或是教書，沒有打算回來走政治這條路。一種過度熱忱的「義務論[5]」使命，或多或少禁止我和法國總統再次會面。這些對我來說無足輕重，因爲我踏上了另外一條道路。接著，總統再次召回我，任命我爲經濟、產業暨數位科技部長（ministre de l'Économie, de l'industrie et du numérique）。

接下來的一切，大多都屬於公共領域。我努力嘗試採取行動，也受到支持。爲了通過一項我覺得利益良多的法案，目的在於撤銷障礙、開放近用，支持商業活動，恢復消費能力，以及創造就業機會——而在國會花了幾百個小時。

我希望基於創新與投資，構思出一個大膽的產業政策。我們得優先做的事，在於運用活力與熱情，採用令人耳目一新的振興方式，來保護我們歷經常年衰退的產業；例如寶獅集團和大西洋造船廠[6]。我希望能創立一種「有見解的唯意志論[7]」政策，來堅

5譯注：義務論（déontologie）這個名詞由希臘文的「責任」（deon）和「科學」（logos）二字組成，以字源上來看，代表的是責任的科學。後來演變成用爲探討人類行爲責任與道德義務關係的倫理學理論。義務倫理學認爲道德律必須具備絕對的普遍性效力，一種道德行爲之所以被認定是善的，是因其行爲本身即具備善的特徵，而不是由效果來衡量。如爲正義而正義，沒有其他附帶理由或條件。美德本身即是善，即是報酬，並不計及其結果對人類是禍是福。代表學者爲康德（Immanuel Kant，1724-1804）。

6譯注：大西洋造船廠（les Chantiers de l'Atlantique）創立於一八六一年，位於聖納澤爾，是法國重要的航海業歷史遺產。於二〇一二年三月陷入財務危機，因其客户美國維京遊輪公司（Viking River Cruise）突然取消於二〇一一年底簽下的兩艘郵輪訂單；在大西洋造船廠該年並沒有任何其他訂單的情況下，公司高層必須採取無薪假政策紓困，卻也同時因缺乏訂單而投入離岸風力發電這個可再生海洋能源的新領域，後由地中海航運公司（MSC，Mediterranean Shipping Company）收購。

持不懈地爲我們的產業和經濟主權的利益奮戰，不管是困難重重的核能或類石油產業重整，或是對法國鋼鐵產業的保護。然而，在面對絕境時，我並不是對公共干涉的有限能力抱持著幻想；我也曾犯錯，並且滿腔悔恨地承認。我希望藉由投資的支持、動員我們的產業以尋求具體解決方法，以及「法國科技」的發展，讓我們得以打造出未來的產業。因爲在國內，也同樣有一股新風潮吹向這個領域。

接著來臨的，就是一段窒礙重重和意見分歧的期間。

在二〇一五年秋天的攻擊事件後[8]，對我來說，政壇似乎發生了一些錯誤，有時甚至是非常嚴重的政治錯誤——若要在國內抓緊新的經濟機會，必須要有不可或缺的策略，我們卻放棄了。我們缺乏對改革的眞正意願及更爲遠大的歐洲抱負，更選擇圍繞著撤銷法國籍這個主題，進行徒勞的辯論——這場辯論造成了國家的分裂，卻無法爲剛發生的事件提供任何解決方式。在金融危機與社會絕望助長著極端主義及暴力、當我們的鄰國正尋求長期降低失業率的方法的當下，在我眼裡，眞正該宣布進入緊急狀態的，是我們的經濟和社會情況。

對於這些意見不合，我並沒有粉飾太平。我身爲部長所執行的行動，受到的種種阻礙包括錯誤判斷、技術能力的不足，以及其他人內心各自的盤算。二〇一六年四月六日，我決定投身政治，在我的故鄉亞眠創立了新政黨，名為**「共和前進！」**（La République En Marche!）。無論我們在行動中遭遇了什麼阻礙，這次行動的目的並不是「反對」，而是「支持」。正如同馬爾羅（André Malraux）說過的，「反對並不存在」。我是一個「支持」導向的人。支持克服政治劃分，因為我已經衡量過這的負面效果；支持在國家必須的基礎重建中，更進一步；支持打造一個再次尋回我們歷史脈絡與進步力道的計畫；支持讓我們的下一代過得比上一代更好；支持緊抓住那份滋養著法國社會的承諾的渴望；也支持讓新面孔、新人才嶄露頭角。

接下來的幾個月裡，情況顯而易見：我得離開政府。這些事情都是有其前因後

7 譯注：意志論（volontarisme）一詞由拉丁文voluntas所衍生，意思是意願或意志（will）。哲學中凡是認為意願（will）比智力（intellect）或推理（reason）重要，甚至認為意願優於智力或推理的，皆可稱為意志論。

8 譯注：指二〇一五年十一月十三日至十四日凌晨間，由伊斯蘭國（ISIS）發動於巴黎各地的連續恐怖攻擊事件，共造成一百二十七人當場罹難，三人送醫不治，超過四百人輕重傷。其中巴塔克蘭劇院觀眾遭恐怖分子挾持為人質，死傷最為慘重，共造成八十九人死亡。此為法國自二戰以來最嚴重的恐怖攻擊事件；自阿爾及利亞戰爭之後，總統歐朗德首次宣布法國全境進入緊急狀態。

果——我必須忠於自己對事物的想法，忠於那些跟隨我的人們，以及忠於法國所抱持的理念。

我想對那些大肆宣揚我是「叛徒」的人說一句話，僅只一句，多說無益。對我來說，其所隱含的意義，反而揭露了當代政治的道德危機。因爲，當有人說我應該像機器一樣服從總統、放棄我的理念，當我在執行我認爲正確的事時，卻應該要心繫著他的前途，只因爲他任命我爲部長，他們要說的是什麼？他們在說的是，公共利益應該擺在還人情債之後。我很驚訝看到這些想擊潰我的人有多天眞，天眞到坦承對他們而言，政治基本上就是遵守這行的行規——也就是服從，希望能得到私人的回饋。我認爲法國人若是對政治避而不談或態度偏激，就是本能上對這些陋習的憎惡。

我把歐朗德總統那些充滿誤會的發言，歸咎於在他眼中，我對他的虧欠。我知道他過於在意公職尊嚴與共和政治生活的基本價值；即使只是短暫的時間，他還是深信這個「私下安排」的有害想法，是盡義務的一種方式。這也是爲什麼，雖然我仍維持對他的尊敬，但很遺憾地選擇離開他。他給了我在他身邊、成爲政府一員，服務國家的機會。

我的忠誠只獻給我的國家，並非爲了哪個黨、哪個職位或哪個人。我只接受權責內工作的原因，單純在於這些工作讓我得以服務國家；我第一天就這麼告訴他，在那之後始終如一。當途中出現障礙、想法和單位都缺乏新血注入、對想像力令人畏懼地匱乏，以及普遍性的麻木——向我顯示再也沒有任何可行性的時候，我從中理出結論，然後離職。我對公共行動的理解，並不是職涯規劃，也不是等待升遷；而是以公共服務爲基礎的共享承諾。在我眼裡，沒有什麼其他事情是重要的，更不會是來自某些人的批評、毀謗，因爲他們的忠誠並不是獻給國家，而是獻給一個體制；他們自己非常清楚，該體制的一切運作能夠確保他們得到什麼利益與報酬。因此，我們就這樣走到了這一步。

在這些年裡，碧姬分享著我的生活。我們在二〇〇七年結婚。這段感情一開始不見天日，時常躲躲藏藏，並爲大家誤解；眾人的接受對我們來說，是對愛情的公開認同。

爲了抵抗我們生活中所有強迫我們遠離彼此的情況與事件，也爲了反抗在第一秒就將我們判刑的既定秩序，我那時很倔強，毋庸置疑。但我得說，眞正的勇氣是屬於她的，那寬厚的決心與耐心，也是她的。

她那時已婚，有三個小孩；而我，除了學生以外什麼都不是。她愛我，不是因爲我擁有什麼、不是爲了我的地位，也不是爲了我給她的慰藉或安全感。她爲我放棄了那一切，但她一直很擔心小孩。她從不強迫孩子們，而是溫柔地讓他們理解，即使這件事再怎麼難想像，也會成爲眞實。

直到很久之後，我才了解，都是她想將我們的人生結合在一起的毅力，才能讓我們的幸福成眞。多虧了她，我相信她的孩子已經漸漸理解，也接受了。我們已經——或至少是我所希望的——建立了另外一個家庭。當然，這家庭有點特別，與眾不同。但在這個家庭裡，將我們聯繫在一起的力量，卻是更加無堅不摧。

她心中的承諾與勇氣，一直都是我所愛慕的。

起初，碧姬是法文與拉丁文老師，她以一貫剛柔並濟的態度，實踐這份在三十歲時發現的志業，她熱愛這份工作更甚於一切。我看著她花許多時間陪著那些處在困境中的青少年；因爲她擁有憂慮的感受性，能夠了解他們的精神困擾。在她天生活潑的性格之下，有一塊敏感的世界，只有脆弱的人才觸碰得到，並在其中找到自我。

爲人母後，她抱持著同樣充滿愛的決心。她陪伴了每位孩子的成長和學習。她總在他們的左右，卻也展現出對孩子們堅定的期望。每一天，賽巴斯提安、蘿倫絲和提芬都一定會找她、看著她，並且尋求她的建議。她就是孩子們的羅盤。

漸漸地，我的生活被她的三個孩子和各自的另一半塡滿——克里絲黛勒、紀優姆和安東，再加上我們的七個孫子：艾瑪、湯瑪斯、卡蜜兒、保羅、埃麗絲、愛麗絲和奧瑞勒。我們就是爲了他們而奮戰。我沒有在他們身上花足夠的時間，在他們眼裡，這些年是難能可貴的時光。這也是我不讓自己和他們的相處時間被浪費的原因。我們的家庭，是我生命的基石；而我們的歷史，反覆灌輸我們頑強的毅力。若我們堅強並誠摯地相信，就絕對別向因循守舊退讓任何一步。

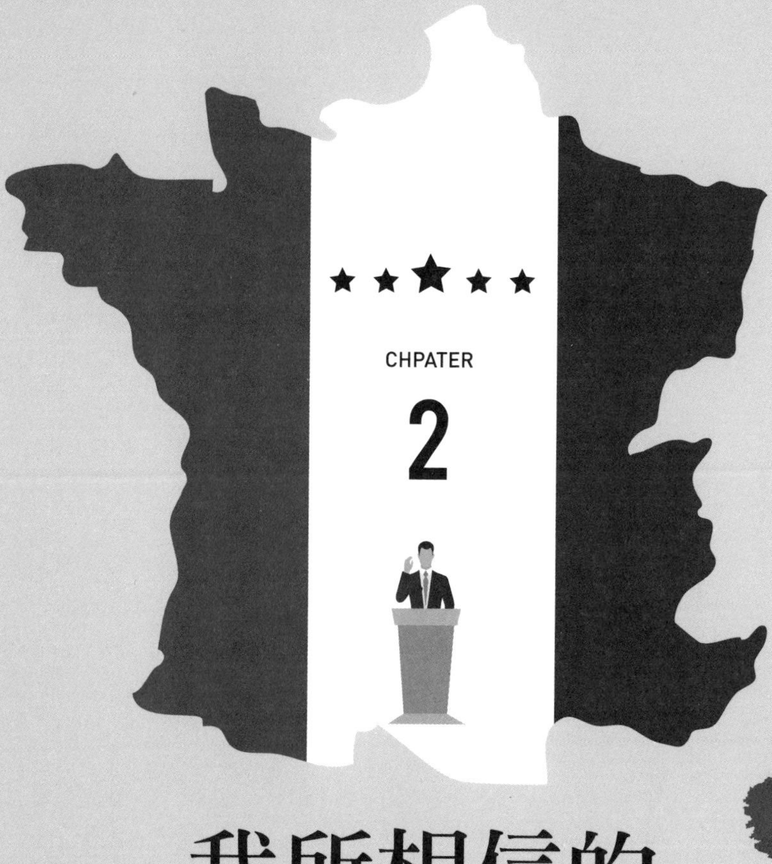

CHPATER 2

我所相信的

就這樣，我用幾頁交待了我的人生，至少是一個人從事政治之後，能夠正當談論的版本。我有時候必須說明我的職業經歷，常被誤認爲是一個野心勃勃、分秒必爭的人。但我卻不這麼認爲。我只是在還算年輕的時候，就實現除了對自己以外，也對其他人的義務；不只是我的父母、祖父母或老師們，也連同在他們之前好幾個世代的義務；那些世代經過了嚴峻的考驗，才換得留給我們這份對自由的熱愛。

我知道自己虧欠那些相信我的人。

然而，我更了解、甚至最了解的，是我對國家的虧欠。就是這種虧欠感，促成了我的行動。

是的，在這種情況下，我決定不去頌揚那些從來沒有眞正把我視爲其中一員的政治系統。即便我選擇向政治生活的規則挑戰，那也是因爲我根本未曾接受這些規則。我打從心裡相信民主，以及人民之間相互連結的生命力。但我想要找回和法國人民直接交流的豐富性，傾聽他們的憤怒、考量他們的期待，談論他們的才智——這才是我的選擇。這才是我的志向，直接和我的人民對話，並邀請他們參與，該是輪到他們自己投入的時候了。

時至今日，我不相信我們的國家必須服從這種階級制度的舊習，教人應該把一生都花在政治上，以求得擔任政府高層的職位。與這種制度相較之下，我認爲擁有眞正的自由、同時理解制定法律及公共決策的深意，這一切才是眞正的力量。無論在什麼情況下，這就是在這場我自己發起的戰役中，支持著我的力量。

因爲我們現今的狀況令人不能接受，也無法忍受。當我們面對事件發生，就似乎蜷曲在自我悲傷的熱情、嫉妒、懷疑、分裂中，有些心胸狹隘，又有時卑劣。但我所繼承的文化卻恰恰相反，是我們爲了自由、歐洲、知識及普世價值，所展現出的歡愉的澎湃激情。只有我們才能再次從中發現熱忱，並且承認其中的成就。我寫這本書與投入行動的目的，是爲了參與這場對我們而言不可或缺的運動，在這之中，我們能找到自我的靈魂。

但當政客在描述自己時，卻很少得到信任；寫自己想做的事時，尤其如此。他們不該因此抱怨，因爲人不能在陶醉於權力的魔力時，又同時擁有大眾的擁戴。此外，這些微薄的自我陶醉，也相當卑劣——成爲團體的中心、像舊時一樣被服侍、享受成功的名聲，但這功勞常常不是他們能夠獨力達成的……。他們也是危險人物，因爲他們熱衷於政治，但在三十年的政治生涯後，還沒做任何有價值的事就消失了。實際上，他們根本什麼都不是，對我而言，只有行動和實踐才算數，如果缺乏這些，政治生涯就失去了榮耀。許多勝選者銘記在心、且成爲他們的日常生活動力的，就是這種對行動、對轉變的渴望。因此，把他們拿來作爲現今眾怒的標靶，是不公平的。

政治並不是——也永遠不應該成爲——「被規範的專業」。民選民主制在我眼前展現的，是另一個完全不同的層次。就是透過這制度，我們才能有市長和地方代表。我們的國家有六十萬名這樣的公職人員，其中三分之二是無償服務的。他們不計時數，常成爲批評的目標，努力達成公共利益。這也是幾十年來，許多的民選代表和決策者爲了養家活口，而從事的工作。他們雖承受著風險，但同時也是出自他們對國家及政治事務的熱愛，才渴望進行政治活動。這也是我想投入政治最重要的理由，爲了宣告我們的高度，並決定我相信對現今的法國來說，或許可達成的一切目標。

爲此，我們必須完成所有該做的事。我們的國家遭受懷疑、失業、資源分配不均及道德分崩離析的折磨。這片荒蕪的土地上，瞬間吹起一道強風，帶來一陣令人迷失方向的觀點，也充斥著靠這種渾沌維生的政客，他們只顧自我利益的宣言。我無法置身事外。然而，這是否代表我們必須等待某個人、某個政客點頭，甚至得等一場選舉、即便是總統選舉的到來嗎？我不這麼認爲。其中的原因，在於我是個法國的民主主義者。

身爲民主主義者，我認爲人民身上潛藏著他們自己也意想不到的強大力量，即使是那些聲稱以民主爲名而發言的人，都沒意識到這點。

身爲法國公民，我想我們的命運在於重振我們一脈相承的歷史。我們的歷史在這超過千年的時間裡，總是伴隨著我們，讓我們在鄰近的國族中脫穎而出。法國因其保有的地位、聲量、文化、力量、人民、語言及優勢而備受愛戴。當法國繼續名列前茅，還是忠於自己原本的樣貌，堅強且自豪。國家隨時都蓄勢待發，只是需要找回自己的力量而已。這就是我們現在的位置。

政治人物的工作，尤其是國家事務，並不在於告訴這個國家該做什麼，或是讓人臣服；而是爲這個國家服務。在那麼多僵局與失敗的政策過後，爲了服務國家，我們必須對這份潛藏的意志抱持信心，雖然在現階段仍是難以察覺，但那渴望著良善與正義的意志是確實存在的。因此，國家並不是用來規範、禁止、控制和懲罰的。國家不應以監護人自居，去監督一個任意被判斷爲孱弱、無法自立自強的社會體。相反地，我們應該讓國家重新找回自己的創造力，使其能夠打造一段專屬的偉大歷史。社會應得以採取主動、進行實驗，找出合適的解決方法。「政治必須面對現實。」——戴高樂將軍和皮耶・孟戴斯－佛朗斯（Pierre Mendès-France）是這句話最好的示範，我也想向他們看齊。

從政更不代表自以爲是。固執的意識形態，是我對政治理解最爲衝突的思考。我們的人民再也不想只看到在位者進行抽象的政治辯論；他們期待的，是在位者能夠賦予政治事物一個意義，並且發展出具體又有效的解決方案。

這些行動並不是渾然天成的，尤其是對從政人士而言。投入政治意味著跳脫便宜行事、以及從某方面來說存在於舒適圈內，卻無任何實際效益的思考基模——我所謂的實際效益很簡單，指的就是爲了打造一個讓人比較能接受、更具公平正義的世界，而可能有所貢獻的任何事物。

過去那些爲我們國家帶來實際效益的偉大政治家，一直都是受到這種精神啓發。戴高樂將軍比誰都具有法國的崇高感。然而，即使他自孩提所學到的法蘭西殖民帝國，就是整體崇高感本身的一部分，但他卻斷然拒絕這樣的法蘭西帝國；因爲他了解，我們國家的未來建立在歐洲大陸上。當時，沒有人比皮耶·孟戴斯－佛朗斯更具正義感；但他在一九四五年時卻嚴格控管預算，甚至和戴高樂對立；因爲他跳脫了表象，看出放縱主義[9]可能會爲社會帶來怎樣的災難。

我無法心甘情願地把自己封閉在與其他時代的隔閡中，但我渴望超脫左右派對立的意志卻遭到曲解——左派認爲我是自由主義的叛徒，右派卻將我形容成左派的雙面人。我無法看著對公平正義的渴求，受到舊時的基模阻礙，完全不留一點空間給主動性、責任和創造性。若說到自由主義者，人們想到的是對人類抱持信心的話，那麼我同意被貼上自由主義者的標籤。因爲反過來說，我所捍衛的，應該是讓每個人能在自己的國家，過著符合其最深層期望的生活。但從另一個角度來看，若作爲左派，意味著相信金錢不能賦予所有的權力、資本的累積並非人生終極目標，也不能爲了全方位卻不可及的安全，而犧牲公民的自由；最匱乏弱勢的群體也必須受到保護，並免除對他們的歧視——

9譯注：放縱主義（laxisme）一詞來自於拉丁文的「laxus」，原意爲寬容、放任，指的是盡量減低政府對社會所設的各種限制，因而造成過度寬容。

我也願意被貼上左派人的標籤。

我們現今的政治生活，是圍繞著常年分裂爲中心而建構的，這已經無法協助我們回應這世界和我們國家的挑戰了。首先，左派和右派甚至在擁護共和國的想法、以及天主教堂的地位等基本原則上，就已經分歧了；接著，這道鴻溝的焦點在於保護產業資本主義的利益，左派爲勞工發聲，右派則爲雇主。然而眼前這時代存在的大問題，是我們和工作的關係，這已經深深被環境與數位的挑戰顚覆；再加上新興的不平等、我們和世界與歐洲的關係，以及在一個充滿風險的世界中，對個人自由及開放社會的保護。左派與右派在每一個議題上，觀點都是背道而馳，因而阻礙重重，無法採取行動。兩派的思考系統都沒有根據我們周遭的眞實世界更新。這些大黨持續追尋不完美的妥協方式，只爲了忽略這些齟齬，以利在選舉時參選。

一個想維持現狀、鼓吹關閉國界並退出歐元區的左派保守分子，和一個支持社會民主、支持親歐的左派改革分子之間，有什麼共通點嗎？幾乎沒有。這正是過去四年來，政府運作如此艱難的原因，有些改革政策進行得不太順利，另一些則直接被放棄。一個頌揚根本未曾眞正存在過的封閉身分認同、認爲歐盟是萬惡的起源、宣傳野蠻的社會政策，但在經濟事務上卻又搖擺不定的右派分子，和一個親歐、親自由派與社會派的右派分子，有什麼共通點呢？幾乎完全沒有。這就是導致他們在二〇一二年失敗的原因[10]。直到現在，右派還是一樣的分裂，爭辯的還是一樣的議題。

然而，每隔五年，各陣營就會想重述黨紀的重要性，將各分派團結起來，是面對國民陣線[11]威脅的唯一生路。現在，我們的國家陷於政黨勾心鬥角的陷阱之中。黨內初選就是這個目的下的產物——各黨派指定一位黨代表。因爲黨內已經不存在任何共享的意識形態、同理心，以及對任何一位候選人的尊重。而這也是爲了避免國民陣線的候選人在有計畫性地繞過第一輪、但現在已經被看作第二輪的總統大選中勝出，因爲在這種配票機制下，國民陣線的候選人一定會勢如破竹。

10 譯注：歐朗德於二〇一二年當選法國總統，結束右派十七年來的統治。

11 譯注：國民陣線（Front National）由尚馬利．勒龐（Jean-Marie Le Pen，老勒龐，1928-）成立於一九七二年，爲法國極右派民粹主義政黨，二〇〇二年後成爲法國第三大黨，現任黨主席爲其女瑪琳．勒龐（Marine Le Pen，1968-）。民族陣線旨在恢復法國純粹的傳統，主張反移民、反歐盟、反伊斯蘭教，支持法國傳統文化，反對多元文化主義。現已於二〇一八年六月後更名爲國民聯盟（Rassemblement National），本書提及之黨名皆直接採用作者寫作時所用舊名「國民陣線」。

我們的各個政黨正在凋零，因為他們再也不願面對現實，反而是為了續存，企圖緊緊攫住最重要大選的勝利。就是這種新制度所導致的民主疲乏和失望，在逐漸削弱他們各自的力量，並使其無可避免地朝極端主義的方向前進。

自二〇〇二年四月二十一日的創傷[12]之後，什麼都沒變。政治人物和媒體組成一群夢遊的人，不願睜眼面對朝著他們而來的一切。他們偶爾會表達震怒，但也無法從中得到任何結論。因此，我們看到的還是相同的面孔，聽到的還是相同的論述；提出相同的觀點和建議，但在付諸實現前又有變數，就只為了之後再重新討論，又讓媒體拿來大作文章。我認為這樣的傳播溝通是病態的，其代表了意識、誠實、天分與堅持。

這些夢遊者身邊有秩序地跟著一群犬儒主義者，人多勢眾。他們都知道必須改變，但卻因為在其中看不到他們的利益，而以為國民陣線能夠讓他們更輕易地掌權。

如果我們再不重新振作，那麼從明年五月起、五年後、甚至是十年後，國民陣線就會成為主政者，這是無庸置疑的。我們不能在每次恐怖攻擊或敗選時，就要求國家機關出面，要求國家犧牲，並認為以政治階級自身而言，還是能像以往一樣從事他們的小生意。我們的同胞非常清楚，這將鑄成道德及歷史上的大錯。這不是在攻擊國民陣線的候選人，而是我向來都認爲這是個錯誤。我知道有太多法國選民並不是出於信念投下這一票，卻單純是爲了抗議已將他們遺忘的既有秩序，或僅只是怨恨作祟而已。我們應該重新關心他們的生活，給他們一個方向和遠景，去對抗這個操控他們怒火的政黨。

這就是爲什麼我當時想組成一支名爲「共和前進！」的政治生力軍。因爲在今日，眞正的裂痕存在於保守懷舊主義者和進步主義改革者之間；前者提出法國人應該重返舊時秩序，後者卻認爲法國的命運必定在於擁抱現代性。但我們不是要徹底剷除傳統，也不求盲目地去適應這個世界，而是要好好正面面對，然後收復失土。

12譯注：指二〇〇二年法國總統大選，四月二十一日進行的第一輪選舉結果出乎意料，眾所預測將贏得第一輪選舉的社會黨候選人李歐奈爾．喬斯潘，卻意外敗給國民陣線候選人老勒龐。由於此次選舉結果與選前民調差距甚大，民意調查未能預測老勒龐將於第一輪選舉出線，因而造成民意調查技術及法國政治氣候等議題的熱烈討論。

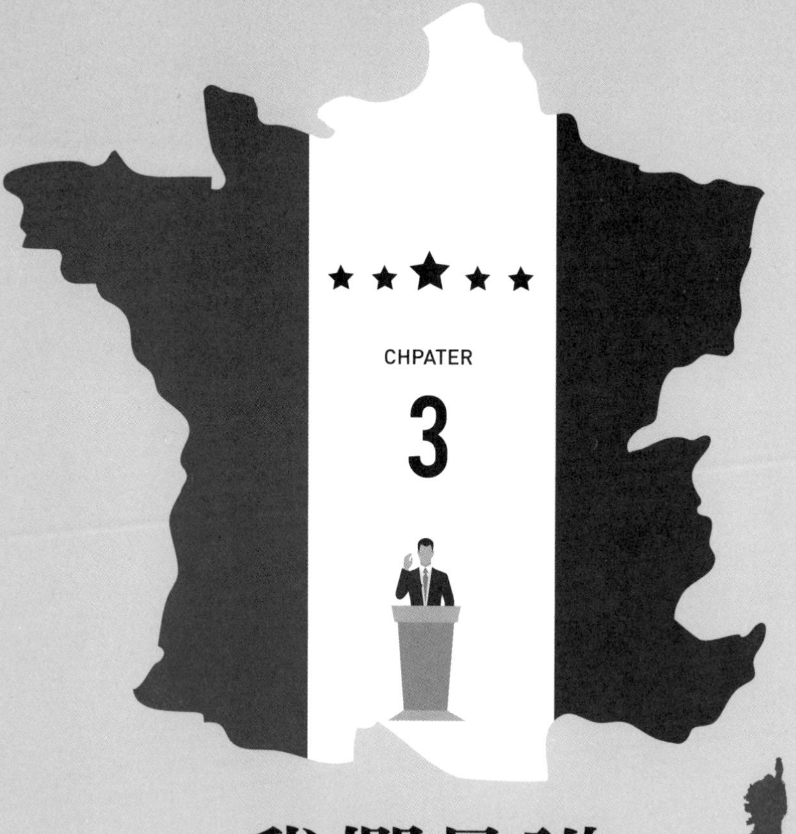

CHPATER

3

我們是誰

現在，我們得帶領法國進入二十一世紀。這是我們的挑戰。

我們等到一九一四年，才喧騰地進入了二十世紀。到了二〇一五年，我們痛苦至極地邁進了這個新世紀，但我們仍然拒絕正視新世紀的整體樣貌。

進入新世紀，就是強迫我們讓現在內心深處的自我，和將來我們必須成爲的樣貌趨於一致。

然而，法國是什麼？我們又是從哪來的？

我說過從我還很小的時候，就一直維繫著和我們國家最緊密的連結——這種將我們凝聚起來的核心，就是法語。從法語的字裡行間，偶爾了無新意，偶爾像是重新發現；語言承載著我們的歷史，自馮索瓦一世（François 1er）在維耶科特雷（Villers-Cotterêts）想出這個將王國建立在語言上的明智見解之後[13]，就開始將我們團結在一起。在古典時代，法語失去了拉柏雷式[14]的粗獷，又有很長一段時間和大量的方言並存，從其中偷取了一些細微的言語差異。從布列塔尼到巴斯克地區，從阿爾薩斯、普羅旺斯直到科西嘉島，還有許多方言仍與法語的多樣性及其他地方語言的豐富性緊密相連。我們的語言承載著我們的歷史。

讓我們眞正成爲一個開放國家的，就是法語。因爲語言和其喚起的影像及回憶，也會一併被人廣爲學習。這些學法語、接著會說法語的人，會成爲我們歷史的守護者，也會成爲法國人。成爲法國人，問題並不只在於有沒有證件而已。我認識一些不住在法國的外國人，出自他們對法國的愛，而變成了法國人。沒有什麼事比讓他們對法國的敬慕落空，還更來得嚴重了，因爲這和我們的使命相違背。如果我們非得從一句我不太喜歡的話——「土生土長的法國人」——裡面找出什麼意義，這指的不只是那些整個家族已經在馬耶納省住了十代的人；這裡所指涉的，也包括那些不管從哪裡來、或現在人在哪

13譯注：一五三九年八月間，馮索瓦一世（François 1er，1494-1547）在位於法國皮卡第大區的維耶科特雷頒發了《維耶科特雷頒令》（l'Ordonnance de Villers-Cotterêts），其中第一百一十及第一百一十一條明文規定以法語取代拉丁文，作爲所有官方文件和司法行爲的指定語言；同年九月，巴黎高等法院將其列入法律中。此舉除影響拉丁語在官方用途上的使用之外，也間接影響當時法國境內其他語言與方言的運用，逐漸轉變爲以法語爲主要語言。

14譯注：拉柏雷（François Rabelais，1483或1494-1553）是文藝復興時期的法國作家，也曾經擔任醫生與修士，以誇張、充滿嘲諷與狂放不羈的文筆著稱。

裡，卻一樣尊崇法語的人。最令我感動的，就是人們在法屬圭亞那、加勒比地區及太平洋地區所使用的法語。我們來自世界各地的祖先，所說的眞正法語就在那裡；他們在地球的每個角落札根，並持續讓我們的國家成長茁壯。

我對法國最初的回憶，是爲了前往我們度假地點的長途跋涉，目的地是庇里牛斯山。十幾次的旅程在我的記憶裡錯綜交織，鮮明的影像僅剩一回，就像是一大捲的鄉野風景膠捲，在亞眠與巴涅爾之間展開。緊接而來的是普瓦特凡沼澤的潟湖，那幾乎不像眞實的魔力，和莫里亞克筆下刺眼的波爾多陽光，還有朗德省四處滿溢的松節油味。最後，庇里牛斯山脈終於出現在地平線，這是旅程的終點；這是長久以來的避風港，是充滿喜悅之地。我當時還是個來自「外省（province）」的孩子，比起現在人們常用的「地方（territoire）」，我向來更偏好外省這個詞。我在索姆省出生，初抵巴黎對我來說是期望中大開眼界的體驗，到處都是不可思議的場所。我們悄悄進入亞森．羅蘋、《基督山恩仇記》，以及《悲慘世界》的場景；和所有喜歡幻想的人一樣，我想像書中的主人翁，會出現在街角。

對每個人來說，我們國家的生命，就是由這些類似的小小旅程組合起來的。這成千上萬的法國小旅行，交織出一張看不見的法國地圖，我們同時單一卻又多元，謎樣卻又透明，忠誠卻又叛逆。我最了解的，就是那份依戀自己家鄉土地的情感。每個人在法國都有某個支持著他的地方，那裡是他的燈塔。如此熱愛巴黎的安德烈．布勒東（André Breton），某天偶然來到洛特省的邊界，發現了聖西荷拉坡比（Saint-Cirq-Lapopie）這個小鎮。他寫下：「我再也不嚮往他方。」就算不停凝視著法國堅定卻瞬息萬變的靈魂，我也從不覺得厭煩。刻畫地貌的，是時間；這是在我們有意識的記憶前，就存在的遺產，也是對未來的嘗試；這片未來，對過去的希望仍然忠誠。一個由語言、土地、岩石和海洋所組成的國家。這就是法國。但，法國還不只是這樣。

法國同時也是一個具統治權的國家，是一個自由開放國度的重要建設計畫。不同於美國的法律和英國的海上貿易，在法國，讓我們成爲國家後裔的，是我們的歷史。歷史雖是榮耀的遺產，但同時也荊棘滿布。

國家的建立，是靠著拓土開疆、制定法規，以及在領土內的每一處，都要打造法律之前的平等。其結構具體呈現出共和黨的計畫，而且很難找到正確的平衡點，就像我們親身經歷、也見證過的改朝換代一樣。一七八九年後，在必須確保我們的歷史能夠延續下去時，法國人選擇轉向將主權交給國家。現在我們熟悉的這些角色，像是部長、省長、處長、市長，他們的重要性，都是源自那時凝聚於組成一個多元民族國家的需求，以及爲了同一個目標行動的需要。我們和其他許多國家不同，無法那麼輕易就能定義自己，然而，我們也相信自己受到偉大的命運召喚。隨著時光流逝，承認每個人在我們民族歷史中的地位的，也是國家。

因此在法國，國家一直有個部分，是和個人及團體都緊密結合在一起的。國家以具體的方式，推進解放共和國的計畫。在第三共和時代，藉由人民陣線[15]的社會成就，來鞏固個人自由及發展教育；到了一九四五和一九五八年[16]，則是透過國家的重整來進行。因爲遠大且開放的願景就在前方，激起了團結，更因爲這些計畫的進展，具體到每個人都能察覺，國家才得以凌駕許多興衰變遷，順利地行動。長久以來，法國人都在自己的鄉鎮裡與世隔絕。讓這個計畫成型的，是他們開始擁有的機動性——這種機動性，透過公共教育和國內交通建設的發展，像是道路、火車，才有可能實現。甚至到今天，國家的角色，仍在於確保這些藩籬被打破、提高近用權和機動性，並提供每個人各自的謀生方式。新科技在進步，但關鍵仍然不變。電話的涵蓋率——手機、市話、駕照、大眾運輸、共乘、遊覽車、網際網路，這些就像昔日完成道路網一樣，至關重要。

我們必須小心衡量的風險就在這裡。法國的國家體制爲了達成目標，在多數同意的情況下，發展出一種沈重且複雜的運作方式，目的在於保障我們所珍視的兩種價值——**平等與安全**。但當計畫難以支撐，而願景不再有跡可循時，這個運作方式就會因爲缺乏動力，只能空轉；對國家整體而言，反而成爲困擾和重擔。幾百個殘存的機構早就應該消失，官員們忙著不重要的事。法規無所不在，因爲制定法條政令比指引方向要方便得多。公務員因此發現存在的理由，政客也找到合理化自己特權的機會。這個體制本身壓

15譯注：人民陣線（Front populaire）是在第三共和時代（1870-1940），主要由共產黨、工人國際法國支部及激進黨於一九三五年組成的左派政黨；他們進行了包含提高工會地位、改善勞動者工作條件等的一系列改革。然而，由於組成人民陣線的三個政黨政治立場原先就差異甚大，分歧更隨著時間加深，最終於一九三八年解散。

16譯注：法蘭西第四共和建立於一九四四年、於一九五八年垮台，並於同年建立法蘭西第五共和。

倒了其創建的緣由，本末倒置。最後變成國家爲了行政機關而存在，卻不是行政機關爲了國家存在。漸漸地，眞實越來越遠。權力的世界構築了虛幻的建築。

但每件事都是可能避免的。而且，只因爲一些本質上很獨斷的理由，就認爲國家體制本身就是一種原罪，也是一個錯誤；我們反而應該以實際的方式，把時間拉長遠來思考；將與我們歷史的關聯和現在在做的事、能做的事都納入考量。對某些人而言，國家體制一定什麼都辦得到，包括財政透支。但對其他人而言，國家體制是萬惡的根源，使其垮台才是解決方法。但實際上並非如此。

因爲，我們共同的計畫——共和國，正是以讓我們團結的國家體制爲中心，打造出來的。

我怕「共和國」這個美麗的詞會被貶低成一種陳腔濫調——人們用此來逃避不喜歡的事物，像是狹隘的心胸、狂熱的崇拜、對自由的蔑視——卻無法精確說出這代表了什麼。知識分子力圖把「共和國」和「民主」區隔開來，卻只爲了贊成或反對。這些看似天眞，思考卻清晰無比的人自問，是怎樣的君主專制，把我們逼到得求助於共和國？我們如何接納那些在「共和國」內，不總是值得讚許的事物？共和國並不只是對人權的宣言而已，期間也曾發生旺代（Vendée）戰爭[17]的屠殺、殖民行爲、極端的殖民戰爭、書籍審查以及特別法庭[18]，直到近代都還存在。不是所有的善，都是共和國的功勞；屬於共和國的，也未必都是好事。若非如此，人們應該爲共和國法庭將德雷弗斯（Alfred Dreyfus）[19]將軍判刑而喝采，直到很久以後的重審才爲他平反；也應該繼續殖民地的奴役傳統、禁止女性擁有投票權，這些都是共和國時代行之有年的做法，直到戴高樂將軍

17 譯注：在法國大革命年間，法國西部的旺代（Vendée）地區於一七九三至一七九六年爆發保皇黨反革命的內戰。旺代保皇黨軍隊於幾次最初勝利後，因缺乏統一的戰略且軍隊失去凝聚力，戰力每況愈下。派遣自巴黎的共和黨軍隊對平民、戰俘和同情革命者進行大屠殺。戰爭於一七九六年初結束，估計死亡人數超過二十萬人，並對旺代地區造成大規模的破壞。

18 譯注：在法國，「特別法庭」（les tribunaux d'exception）一詞通常帶有貶義，主要指爲達到某些政治或軍事目的而進行的審判，例如宗教裁判所（Inquisition）、法國大革命、維希政府（Régime de Vichy）或阿爾及利亞戰爭時期的審判。

19 譯注：一八九四年十月，一名猶太裔陸軍上尉德雷弗斯（Alfred Dreyfus，1859-1935）遭指控向德國洩漏軍事機密，雖無確鑿的證據，卻因當時法國的國族主義、社會上的反猶風氣及軍方試圖掩蓋內部醜聞等因素下，德雷弗斯仍被以叛國罪名終身監禁。此後重啓審判的衝突加深保守派和共和派之間的裂痕，演變爲延續多年的政治鬥爭，直至一次大戰前幾年左派政府掌權，爲德雷弗斯平反之後，事件才告平息。

終結這些惡習。若不是瓦勒希・季斯卡・德斯坦（Valéry Giscard d'Estaing）了解女性的悲痛，墮胎也應該遭禁[20]；還有一直等到馮索瓦・密特朗（François Mitterrand）上台，才立法廢除死刑[21]。那共和國到底是什麼？

我們所愛且應爲其服務的，是能夠解放我們全體的共和國。從宗教與政治的迷信解放、社會成見的解放、從那些促使我們成爲奴隸、我們卻從未察覺的力量中解放。共和國是我們的任務，我們未曾完成的任務；永遠是需要實踐的目標。

大家耳熟能詳的〈出征曲〉（*Chant du Départ*）[22]，我們熟悉到幾乎都不去注意歌詞，當中其實寫得很好：「法國人必須爲共和國而活。」與其說唱的是責任，不如說是現實。長久以來，法國人就爲了解放與自由而活。「擁護共和國的是眞正的成人，甘願當奴隸的就還只是孩子。」法國人知道自己不能在暴政下生存——權力的暴政、舊體制的暴政、偏見的暴政、影響圈的暴政、壓力團體的暴政——也就是不同意所有與我們的價值觀相抵觸的一切，這是我們集體榮耀的完美呈現。如同獲得法國解放動章的狄耶戈・伯賽（Diego Brosset）將軍，在部隊面前過世的前一刻，在一封戰時書信中簡短地寫下：「任何人都無法找到能夠合理接受的理由。」

我們的法國與生具有共和國的特質，也有我們的敵人。共和國人永遠都不該逃避。這些各形各色敵人的共通點，在於他們都是不切實際的夢想家——有時甚至是邪惡的夢想家——像是假道學，或是對過往時光懷抱著烏托邦信念的人。他們認爲他們掌握著法國的眞實，這已經不僅是危險而已，更與眞實背道而馳。關於法國唯一一件眞實的事，就是賦予我們自由、讓我們盡己所能的那份共同努力——這份努力甚至能將我們投射到未來。共和國的敵人，處心積慮地想將大家困在一個武斷且穩定的定義裡，定義此爲什麼，又應該如何？伊斯蘭主義者只想要支配共和國，但根據以往的經驗，他們帶來的只

20譯注：瓦勒希．季斯卡．德斯坦（Valéry Giscard d'Estaing，1926-）爲前法國總統，於一九七四年總統大選當選，任期自一九七四年至一九八一年；女權政治家薇依（Simone Veil，1927-2017）所提出的墮胎合法化法案即於德斯坦任期內通過。

21譯注：左派社會黨之總統候選人馮索瓦．密特朗（François Mitterrand，1916-1996）於一九八一年五月的總統大選時，即將廢除死刑列爲他的政見。密特朗當選後，國會總理莫華（Pierre Mauroy，1928-2013）於國民議會開始推動廢除死刑的法案，於一九八一年中下旬先後通過國民議會及上議會，十月十日正式頒布法案，廢除死刑。

22譯注：〈出征曲〉（Chant du Départ）寫於一七九四年，就在法國大革命之後；後於第一次世界大戰時，也用於團結激勵法軍。

有痛苦和奴役而已。而國民陣線，卻是被一股匪夷所思的懷舊情結激勵，但懷舊的對象是我們國家未曾有過的樣貌，反而讓法國背叛了真實的自己。有些人接受這些論點，向極右派靠攏；也有逃離法國、貶抑法國的憤世嫉俗者。這些人不計其數，同時卻也不足以讓我們卻步。

而正是法國這麼多世紀以來背負的任務，才讓我們有了今天的地位和層級，也是讓法國一直以來，能在這世界上發光發熱的原因。從文藝復興、啓蒙時代、美國革命、《世界人權宣言》、一直到反極權主義，法國的貢獻就在於用光芒照亮全世界，將世界從無知的枷鎖、奴役的宗教，以及否認個人存在的暴力中解放。存在於法國精神中的，是我們對全世界的期待，是對不公義及服從的持續抵抗，同時也是法國人於此時此地，準備告訴所有人我們如何思考世界的願望。狄德羅所帶領的《百科全書》派學者們的精神[23]，無疑就是這種瘋狂志向的精髓所在；這份志向就代表了我們，再也沒有比自我退縮更不像法國人的了。

23譯注：一七四五年，法國出版商布雷頓邀狄德羅（Denis Diderot，1713-1784）和數學兼物理學家達隆貝（Jean le Rond d'Alembert，1717-1783）將英國百科全書譯成法文。他們在翻譯過程中發現英文原著內容不全，觀點陳舊並充滿宗教思想，於是狄德羅建議由他組成團隊，編寫一套更好的百科全書。出版商接受此提案，狄德羅的計畫也得到了伏爾泰、盧梭、霍爾巴赫、愛爾維修等二十多位著名學者的支持。在他們的幫助下，狄德羅集結了法國最優秀的百餘位思想家、哲學家、科學家、政治家、工程師、航海家、軍事專家和醫生，共同從事這項偉大的志業。《百科全書》自一七五一年起於巴黎出版，於一七七二年出版第二十八卷，全書完成，成爲啓蒙時代的里程碑。

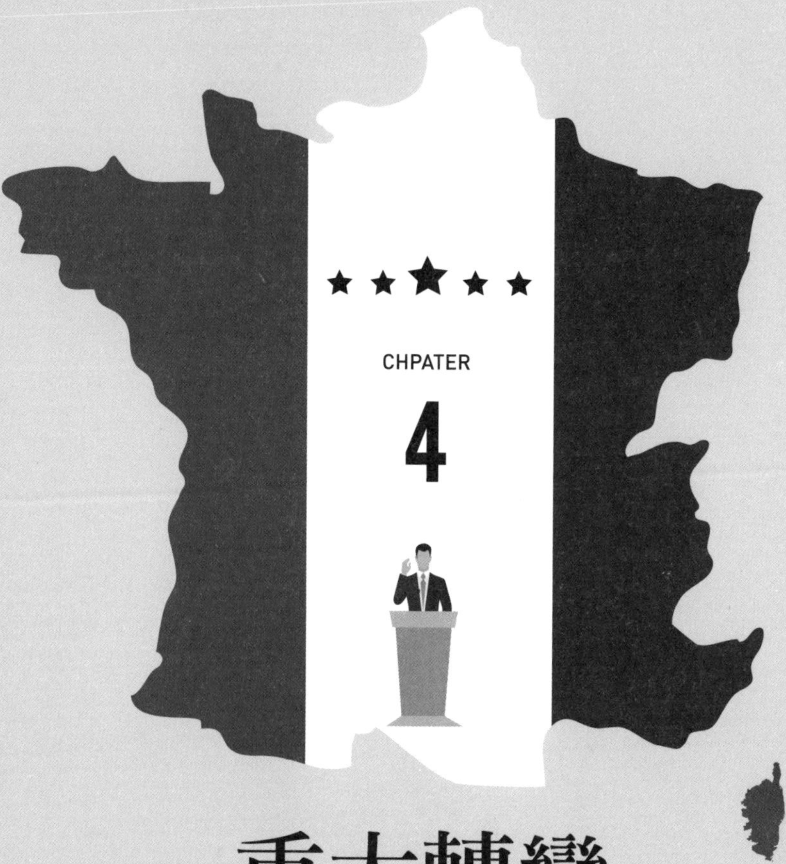

重大轉變

法國籠罩在一片陰鬱中，因爲我們變成現在的樣子，感覺自己逐漸朝未知的方向去，再無法掌控自己的命運，甚至失去其身分識別。從我大到聽得懂政治論述的年紀起，就一直聽到我們的國家正處於危機之中。這就是法國不幸的徵兆。

因爲我們正在進入的文明秩序令人擔憂，且對大多數國民而言，就像是一種威脅，攻擊著我們之所以爲我們的理由；若文明是一種歷史演進的過程，是物質、社會、文化及政治的進步，那麼這同時也是退步、失控、擔憂及不安全感的同義詞。然而，人們能夠讓世界換個方向前進嗎？我不這麼認爲。然而，一旦我們下定決心去理解文明本身的原動力，就能徹底改變。

我們現今所進入的文明秩序，範圍已不再是單一國家，而是整個世界；無論在地球的哪個角落，文明總是由全球性的商品、人和金錢的流動組成。長久以來，文明秩序的分布主要根基於民族國家——即便現在已被顚覆——在那時，絕大多數的交易都是在單一國家內進行，這幾乎決定了我們生活的所有層面。因此這幾十年來，商業金融的邏輯支配著我們的世界。國家變成了官僚，只能試著抗拒或支持這種經濟現況，卻沒有完全的掌控力。

我所成長的土地，在在經歷著這些現象所造成的惡果。無論是在亞眠或巴涅爾這樣的紡織之鄉，成千上萬的工作機會在我童年時被消除殆盡。原因是紡織廠與毛織品廠的競爭力變弱，人們能用比較便宜的價錢，買到來自馬格雷布的衣服；然後是來自東歐、中國，現在是越南。目前，你只須問問洛澤爾省或其他地方的畜牧者，就能夠稍微窺見這種脫軌的現象：這個世界再也無法讓他們存活，迫使他們用比三十年前低得多的價格賣掉畜養的牲口，即便飼養成本不減反增。

全球化的流動持續加速。這創造了國家、企業和研究中心之間的相互依賴，但不全然只有負面影響。近兩百萬名法國人在法國境內的外資企業工作，更有數百萬人民仰賴出口維生。也多虧了全球化，在離我們剛提到的巴涅爾不遠之處，就有航空產業正蓬勃發展；因為空中巴士和其他許多公司已經成功地投資且征服了新市場。聲稱我們逃離全球化之後能夠過得更好，根本就是謊言——甚至是卑劣的謊言，因為這樣的逃避，將毋庸置疑地產生更多受害者。

這些深刻的變遷，為十幾年來持續鞏固的集體進展畫下句點；並由於科技急遽發展，而朝向更快速的經濟模式轉變。雖然我們的前人活在戰爭和貧窮中，時代背景更為艱難，但他們還有進步的前景得以支撐。進步的感覺為人們帶來精神上的遠景，讓我們打從心裡相信如果努力認真，明天的生活說不定會更好，對他們的下一代來說更是不可能出差錯。法國自我重建、且深深相信經濟能夠復甦、偉大計畫得以實踐的那幾十年，對我們來說已經是過去式了。雖然那時和現在一樣，都有一些痛苦的情況，也有隨著社會變遷，而失去原有產業的那些身受其害的區域；然而，人們對新的出路、對向前走的希望仍然保持樂觀。反而到了今天，危機會一直持續的念頭，卻堅韌地根植在人們心中，再加上害怕自己和自己的家庭，幾乎將無可避免地失去他們的社會地位。現在幾乎沒有人相信，所謂的成長足以確保我們共同的未來；即使是眞正相信的人，也不知道如何達成；要不然就是繼續仰賴著鎖國的白日夢，和一個資金來源只能靠奇蹟發生的國家工廠[24]。

更甚者，在過去幾年，全球化的速度更快、力道也更強，這尤其該歸功於國際金融的突飛猛進。金融系統伴隨貿易的發展，也接著找到自己前進的動力。這樣的發展有其好處，讓我們的經濟能夠在更好的條件下，更快速的為自己提供資金；但造成的結果，也包含讓那些並沒有創造任何一點眞正價値、唯一目標只在於投機的活動，能夠因此得益，而供養了某些人的貪婪。這一切都讓大量民眾排斥整個金融體系。然而，我們還是需要。爲了支付公務員的薪酬，我們每年年底都向金融市場借貸。如果我們的企業能夠獲得新客戶、聘雇新員工，也有很大程度上得歸功於金融系統。從這方面來看，我們必須愼思明辨，如何去終結爲了一己私利的金融系統，又如何鼓勵能夠促進投資的金融系統。

然而，自二〇〇八年的危機起，我們卻一起反其道而行。我們不但沒有阻止一切的越軌行爲，反而還提高了對銀行業和保險業的限制，即便此兩種業別在經濟金融領域中，扮演著非常重要的角色。這場戰爭的層級，基本上應該要提高到歐洲和全世界；並且不只是經濟方法上的，更是政治與道德上的戰爭。許多人民對現狀感受到深刻的不公不義。那些便宜行事的解決方式根本什麼問題都沒解決，那只在法國管用，或只制裁到某些人；帶給我們愁雲慘霧的情緒，卻毫無意義。我們眞正需要的，是幾種國際性的措

24 譯注：國家工廠（les ateliers nationaux）爲法國一八四八年二月革命後，臨時政府爲解決大量失業問題而推行的政策，卻因無法照預期計畫執行，民怨更爲沸騰，引發同年六月份在巴黎的暴動。

施和團結的精神。

最後，在過去十五年間，網際網路與數位科技的發展，讓全球化面臨了轉捩點，開拓了我們眼前的新領域。新做法和新典範顛覆的不只是我們安排事情的方式，也改變了我們的想像。我們的習慣在改變，越來越多法國人上網訂餐、購物、付錢、訂火車票或租車。我們的生產方式也在改變，軟體和網際網路帶來全新的自動化型式，這個未來產業爲我們的企業帶來轉變，把某些需要人力的瑣碎工作變得沒那麼困難，也產生了加速培訓大量員工的需求。3D列印技術讓製作最接近實物的小規模成品成爲可能，也讓我們重新思考——從前可能是在地球的另一端生產，卻在這裡被消費的商品供應鏈，這樣的方式是否得宜。

我們的任務也在改變。根據分析，最近幾年內將會出現幾十種新職業；有些十年前還不存在的，現在已經誕生了，像社群管理員或處理大數據的專家……等等。但同時，我們經濟的各個層面都將承受根本的轉變。研究指出在二十年內，有百分之十到四十的工作可能自動化；而現今在金融保險業所須的能力，在五到十年內，即將有三分之一至二分之一不再被需要。目前許多人力每天重複的工作內容，機器和演算法都能夠處理得更迅速、更精確，花最少的成本，日以繼夜地全天運作。因此，數位時代將全面撼動我們的社會結構，中產階級、尤其是受薪階級的職業，有時可能因而受到威脅，卻也有新的工作機會出現，但其技術需求要不是非常高，不然就是過低。然而，我們的民主是建立在這些人身上，他們現在卻生活在擔憂裡，為他們自己、也為他們的下一代憂心。

幾十年來，我們在其中成長的職場，正遭逢一場變革。企業不再是一生的工作場所，終生契約制度已經結束。工作的時間和地點將變得彈性；工作可以在公司裡、客戶端、團隊工作的地點，也能在家裡。人們越來越常換公司、換領域和職位。這種轉變是必然的。

我們研究和創新的方式也有重大轉變，學科之間的界限變得模糊。基因體學、奈米科學、網際網路和大數據的處理等各領域之間的匯流，讓昨日還完全想像不到的新發現變得可能。資訊的生產呈現指數成長。我們在過去幾年所創造的資訊量，已經超過自人類起始以來的資訊量了。多虧了這些發明，某些疾病開始有治療方法；我們的知識以前所未見的方式進步，但同時也顯露出新的反思——因為許多新團體的成立，是為了追求以人性來說令人憂心的計畫：例如超人類主義，或「強化人」[25]等等。

這種科技上的轉變，不只將繼續對我們的生產結構有深遠的影響，對社會也是如此。我們現在只不過是在人工智慧發展的開端而已。今天人工智慧能夠提高生產力、取代重複性高的瑣事，但也會取代勞力。很快地，人工智慧就能和人類的智慧相抗衡，並將對我們的社會引發多種效應。此時此刻，我們還無法體會到這些動盪的輪廓，但我們顯然必須爲這一切進行準備。若考慮這些發展也意味著道德與文明上的改變，公權力因而扮演著決定性的角色。

最後，是我們虛擬世界的重大變遷。自從網路誕生，現在發生的一切每個人都盡收眼底，每件事都可以評論，也能和全世界的其他人比較；這給了我們一種解放的感覺，覺得凡事都有可能，並將所有興趣相同的人聚集在一起。但這同時加劇了精神官能症，也殘酷地揭露了社會的不公平及相異的生活水準，向貧民展現富豪的生活方式；這可能會產生挫折感，甚至釀成反感與憤慨。網路傳送色情影像，但人們尚未完全領會這些將造成的衝擊，並進而產生恐懼；一些極端暴力團體也得以藉由網路在這方面的偏差，因而得以建立、發展，用影像動搖我們的虛擬世界。數位科技的特殊之處，就在於水能載舟，亦能覆舟。

數位科技不只是一個經濟領域，而代表著我們的經濟、社會和政治系統的徹底轉變。科技藉由爲個人開啓各種可能性而消除隔閡，卻又同時重新創造小團體和封閉的同溫層，造成了新的分裂。這是一個從根本上去中心化的社會，每個人都得以在其中扮演自己的角色，並被賦予權力。社會的樣貌被重新形塑，因爲所有人都能在當中找到自己的位置。於是，我們可以清楚看見目前這個社會的挑戰：在全球化的同時，也正在個人化，因而削弱了所有傳統形式的社會中介組織，尤其是國家。以每個面向來說，新的社會秩序甚至超越傳統國家。

此外，我們的社會也正遭遇人口上的巨變：已開發國家的人口老化、開發中國家的

25譯注：超人類主義（transhumanisme）來自後人類主義（posthumanism）思潮，其對人本主義（humanism）所抱持的卻不僅是在人文領域的思辨層次，而是更具體和人類肉身相關。此想法主要源自日新月異的生物科技，尋求透過各項技術改造人類，突破肉體自身限制，並消除一切形式的痛苦，讓人類有機會隨著生物科技、基因改造、腦神經研究和機械工程等技術發展而離開「凡人」（mortal）的身分，克服殘疾、疾病、痛苦、老化和偶然死亡等不需要的狀態。強化人（l'homme augmenté）的概念則多少出自此邏輯，運用基因改造或藥物強化，提升人類肉體的能力，本質上仍爲人類肉體。此做法依然以人的身體爲實驗對象，因此引發強烈的道德爭議。

人口結構改變及全球人口增加，都是已經開始、並將持續衝擊社會組織及生活的關鍵。

同時，我們也進入了一個危機四伏的社會。戰爭無可避免，因爲這向來就存在於萬物秩序中。但新的全球化威脅已成爲現實，現在，我們對此再熟悉不過了。

環境危機顯而易見。人們透過幾次確實存在且遽然發生的慘劇，具體地感受，例如一九八四年印度的博帕爾事件[26]、一九八六年蘇聯車諾比事件，以及二〇一一年的日本福島核災；然而，這種危機也可能以令人更難以察覺的方式發生，例如由於全球各地所承受的氣候變遷、地貌轉變、饑荒、乾旱以及其他自然災害，所造成的自然物種逐漸滅絕（在一九七〇至二〇一二年間，脊椎動物、魚類、鳥類、哺乳類、兩棲類與爬蟲類動物的數量遽減了百分之五十八）。

這些環境危機，是人類行爲所造成的直接或間接結果，甚至會每況愈下。環境危機會導致越來越多的失衡與戰爭，人類開始尋求征服其他的空間，這類型的遷移將對我們造成直接的影響。

地緣政治本身面對的狀況也很險峻，自柏林圍牆倒塌後，許多評論者斷言我們已經取得歷史的最終勝利。西方世界再不會被嚴重的衝突影響，也不再受這沈重的災禍侵襲。但事實並非如此，我們的民主只能和恐怖主義的威脅共存。經過蓋達組織、博科聖地之後的今日，伊斯蘭國是一頭名符其實的巨獸，想要徹底摧毀我們，從伊拉克、敘利亞、一直到現在的利比亞都是。即使他們正從敘利亞和伊拉克撤退，也可能在幾個月後，就會再度轉爲地下活動，但他們仍在我們的社會中心爲恐怖分子武裝，以極權主義兇殘的意識型態爲名，進行無差別的殺戮，把法國當成他們的首要目標之一；恐怖主義的危機提醒了我們，世界是一個整體，而我們無法從撕裂世界的巨變中逃避。我們不能繼續保持被動、遠離戰區，因爲他對我們的社會有直接的衝擊。但若要說無論在什麼情況下，我們都得處處干涉——我並不這麼認爲。

這些來到法國發動攻擊的恐怖主義者，對強化他們自身的一致性與凝聚力，有深刻

26 譯注：一九八四年十二月三日凌晨，美國聯合碳化公司（Union Carbide）設立在印度博帕爾（Bhopal）北區的殺蟲劑工廠發生異氰酸鉀酯（MIC）毒氣外洩事件。根據官方統計，突如其來的致命毒氣瞬間奪走鄰近社區二千二百五十九條人命，二〇〇六年的官方報告指出事件傷者超過五十萬人，爲史上最嚴重的化工事故。

的效果。因爲宗教被帶入這場軍事、政治及意識形態的戰役中，以致於模糊了重點。有太多法國人誤以爲對抗伊斯蘭國，就是對抗伊斯蘭教。

我們所面對的並不只是恐怖主義的威脅，還有宗教戰爭的威脅；要是我們不夠注意，也至少將產生一種威脅——由幻想和熱情所支配的對峙。最刻不容緩的任務，就是讓我們的人民具有清晰的判斷力。

今天，國家被要求滅除所有威脅，這卻是無法實踐的承諾。

有一些政客，不管來自左派還是右派，都傾向於武力恫嚇的虛張聲勢。他們提出應該揚棄法治國家的模式，才更能保護我們的人民；但政客們卻永遠無法藉此給我們的人民更完全的保護，因爲他們無法防堵恐怖分子的一切行動，也不可能控制每個人。然而，他們在走上這條路的同時，卻拱手將勝利讓給恐怖分子——因爲恐怖分子想讓我們出於恐懼，而放棄原本的自我。其他人則認爲象徵性地修改憲法，就能爲正在社會中四處蔓延的暴力找到出口。這就是關於撤銷恐怖分子國籍的爭辯，不只毫無用處，更可能造成傷害。

實際上，面對這些威脅時，不可或缺的是拒絕妥協的堅定決心，以及眞正握有權力的人——但同時也必須接受，他們永遠不可能立刻就解決所有問題。打造一個安定的社會是需要時間的。

我們現在正經歷的巨變，正在動搖法國戰後的面貌，也是一項對文明社會的挑戰。

我們正在經驗全球資本主義的最後階段，國家因爲自己的恣意擴張，顯然無法長久存續。過度的金融化、不平等、環境破壞、全球人口暴增、因地緣政治和環境問題而增加的遷移，以及數位時代的轉變——這些就是構成此巨變的要素，也強迫我們群起行動。我們的確從來沒有經歷過發明印刷術和發現新大陸的時代；正是這樣的轉變，引領了西方的文藝復興，像是社會組成、政治、思想和藝術的再創新——然而，在同一個時代，西方文明卻也可能就此絕跡。

這場巨變，交付給我們所有人該盡的義務。拒絕世界的轉變，只滿足於翻新舊時模式的，不是法國；忘記是什麼成就我們、背棄自我原則，在恐怖主義的暗黑火焰下像被驚動的蝴蝶般倉皇失措的，不是法國；每天都比前一天更加自我懷疑，嘴裡只說得出退縮的話的，不是法國。法國人很清楚，也已經準備好要重新打造我們的國家。

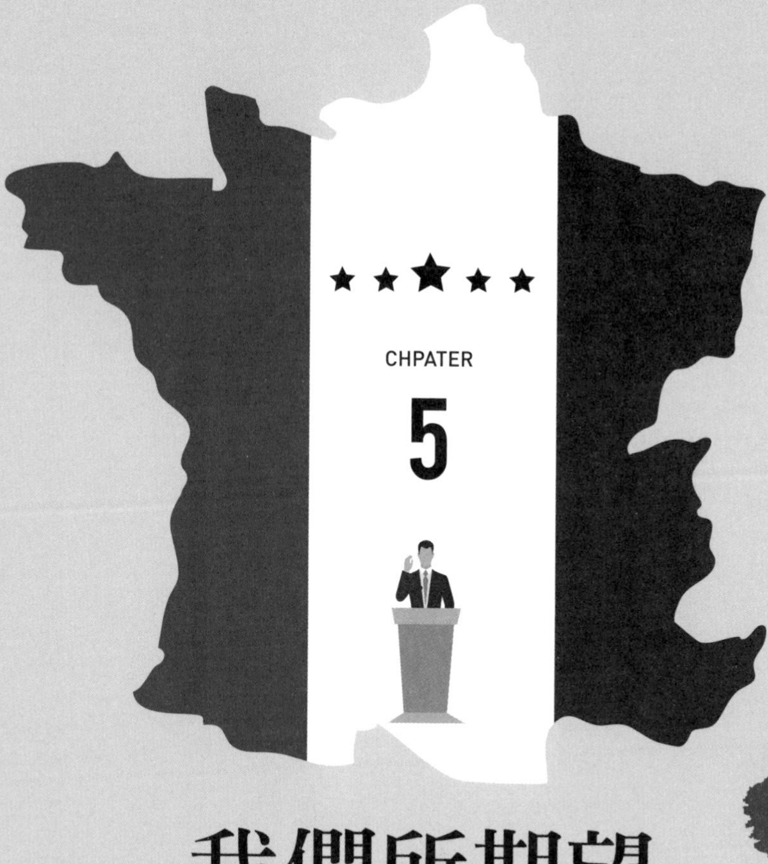

CHPATER

5

我們所期望的法國

我們得完成的任務還有很多。要是我們不能積極意識到周遭的轉變，以及決心破除長久以來累積的疲乏感，就無法踏出第一步。

在我們數得出的眾多敵人中，最爲險惡的，就是便宜行事。比起敵人對我們的傷害，我們自己的惰性才是最大的加害者。我們將就著各行各業的六百萬名失業者、無人傳承的產業、落伍的體制習俗、什麼事都解決不了的平庸政府部門，還有一千零一種名不正言不順的特權。我們已經習慣了一種過時的國家教育、陳舊不合時宜的行政區劃分，以及十九世紀的法律規範系統——至於規範的作用，與其說是確保人們遵守根本的原則，不如說是在協助那些知道如何技巧性地去利用這個系統的人，維持他們現狀的舒適圈。我們也忍受著不算是有效率的公共行政。

這種情況不只對人民來說很絕望，對那些職志在公共服務的人來說也是——這是最值得欽佩的工作之一。他們的投入並不是因爲貪圖地位，卻是爲了促使全國性計畫的實踐而各司其職。然而，他們的志業、精力和奉獻，每一天都和這種心理上的惰性及缺乏動機衝撞，這些現象終究必須根除。

我們不能對極端分子毫無約束，他們的承諾無法持久，前後矛盾，只會將我們拖向一個根本不曾存在過的理想化舊時秩序。他們提倡法國應該偏離世界的軌道，沒有考慮到我們可能失去什麼；最重要的是，他們沒有坦承那不是我們國家的使命。

我們已經靠站了。奇怪的是，我們在靜止不動的同時，也爲這樣的停滯感到挫折。一旦我們想改變什麼，就會有一些聲音出來宣稱不能揚棄法國模式；然而，這模式卻已經行不通了。人們試著「改革」——對人民來說，這個詞甚至都已經是陳腔濫調了——卻不敢解釋我們的方向和目標爲何。但每個人都對這種相對的停滯感、或是這些漸進卻沒人負責的改革，感到悶悶不樂。這就是法國人的矛盾。

因爲這個系統是組織來保護現有秩序的。即使是批評的人，也是批評完就心滿意足，並不是眞的想打亂現狀；雖然每個人都不滿意，但人們卻認爲這還是好過可能出現的改變，即便也沒有經過證實。這個法國是屬於那些既得利益者、在現有體制內的人、金融專家與知識分子的。但於此同時，每個人都想維持這個不公平的系統，卻又討厭、抱怨他。結果，爲了平息怨言，政府也只能花用更多的經費，來源卻是設想不周的稅收，並欠下更龐大的債務。

幾十年來，除了增加公共支出之外，從政者已經想不出新方法，來解決這些阻礙、不平等與不公義了。三十幾年來，左右派讓微弱的成長停滯，取而代之的反而是公共債務。他們在還沒有財源的情況下，就發放補助，拿未來的世代來作爲這些財務漏洞的擔保，卻沒有解決最根本的失衡問題。在前任總統執政的五年內，公共支出已經增加了一千七百億歐元，這個數字讓人暈眩。在默許這件事的時候，我們等於犯了一個最嚴重的錯誤——打破歷史的延續性，把無法承擔的債務留給後代，就因爲我們沒有勇氣面對現實。這樣的軟弱，我們所有人都有責任。一個國家是不能在停滯和謊言中長久生存的。

在這方面，歷史總令人受益匪淺。我常想到在一四五三年，當君士坦丁堡陷入土耳其人手中時，威尼斯共和國所經歷過的一切。自一二〇四年起，在第四次十字軍東征以後，威尼斯建立起自己航海及商業強權的地位，致力投入絲路的經營。威尼斯是個意氣風發的海上城市，正開始成爲早期的工業先鋒，但完全忽略內陸，只留了幾條貿易路線，用來把商品賣到法國香檳區和法蘭德斯的大市集。君士坦丁堡的殞落使這個模式告終，傳統的絲路變得較不安全，成本也提高了。同一時間印刷術問世，舊時世界似乎開始搖搖欲墜。威尼斯的未來岌岌可危，恐懼開始於人心蔓延。直到那時，人們仍舊覺得內陸地帶可有可無；但就是在那一刻，威尼斯決定全盤改變，朝陸地模式（Terra Ferma）轉型，和熱那亞、巴塞隆納及塞維亞發展出前所未有的交通路線。一四九二年，一名來自熱那亞，爲西班牙皇室效命的義大利人（編註：即哥倫布）發現了美洲大陸。一四九八年，葡萄牙探險家瓦斯科・達伽馬（Vasco de Gama）航抵卡利刻特，讓大家知道印度能夠靠著航海抵達。陸路的絲綢之路已死，海洋占了上風，而威尼斯也有自我調適的智慧與意願。西方接替了東方，陸地接替了海洋，人們在這些地方落地生根，而不再只是路過。貿易改變了路線，農業開始發展。灌溉渠道大增，幾位才華洋溢的新銳——帕拉迪歐（Palladio）、威羅內塞（Véronèse）和吉奧喬內（Giorgione），重新打造嶄新的威尼斯，他們是那個時代的天才。威尼斯仍然能夠呼風喚雨，他的靈魂也不會消失。

經過了這麼多轉變，威尼斯完全沒有放棄一丁點他的精神與力量。我們甚至可以說威尼斯是竭盡了必須的精力，來進行這次的變革。對我們而言也將如此。

我們能夠一起接受時代給我們的挑戰，藉由重新和我們千年的歷史脈絡連結，見證了政教分離，進入啓蒙時代，發現新大陸，嚮往全世界，創造前所未有的文化，建立強力的經濟模式。我們需要生命力才能達成——這份生命力仍然深刻地存在，源遠流長。政治的義務，就是讓生命力最終得以解放。

這就是爲什麼我不相信在競選時，接二連三提出的政見。我們現在正經歷的，是深遠變革的一刻。

今天，因爲我們缺乏抉擇和深思熟慮的能力而受害的，是比較年輕、教育程度較低、外裔法國人和未來的世代；臨時工，或是重複簽訂短期雇約的那些就業市場邊緣人；沒有固定居所、只能等待社會住宅，或被困在根本不適合居住之處的居民；更糟的，不管是不是單親、辛苦工作卻被每個月的帳單壓得喘不過氣，過不下去的家庭；再加上備受歧視的人……等等。若不爲我們的系統重新奠定根基，受害者將越來越多，伴隨而來的，是中產階級眼看自己子女的未來每況愈下的焦慮。

每一天，我們的國家都因不能適應全球市場的走向，而日漸衰弱。法國面臨了四處流竄、明目張膽又忍無可忍的不公不義，卻一直在分裂。

那麼，我們的首要義務，是重新建立一個公正且堅強的法國。我們的責任，是讓法國人知道還有一條共同的道路存在。一條給所有人的道路。

怎樣才能辦到？

我們得像一九四五年的法國，和那時的全國抵抗運動委員會[27]一樣，改變根本的邏輯，重新建立我們思考、行動，以及前進的方式。

我們得從一個被動的法國，轉變成一個能夠自主選擇的法國。我們想要的是掌握自己的命運——個人的命運，也是集體的命運。我們所譴責的超乎尋常的不公平，其根本的原因，就在於有些人能夠選擇，但有些人別無選擇。有些法國人能夠選擇小孩念什麼學校、住在哪裡、從事什麼工作或是去哪裡度假，其他的法國人卻只能全盤逆來順受。

讓法國團結起來的，是我們對平等真切的熱情與誠懇。在我眼裡，面對不平等、犬儒主義和社會敗壞這些持續下去的恥辱，這樣的憤慨是情有可原的。我們夢想擁有這樣的國家，其中每位國民都獨一無二，但是人人在權利上都是平等——從更根本的層面來

27譯注：全國抵抗運動委員會（le Conseil national de la Résistance）成立於二次大戰期間，是由戴高樂將軍號召法國國內各地反抗德國的抵抗組織，於一九四三年成立的委員會。其目標在於團結及協調各組織間的行動，並從一九四五年開始，確立計畫後即立刻執行。

說，每個人的機會也都平等。但我們現今的系統，讓尋求平等這件事已經不再可能。由於巨大的花費，以及制定越來越多的規則，我們癱瘓了整個社會，又把他往底層拉，使其完全動彈不得。

三十年來，左派和右派都持續捍衛著一個鼓勵一致性、避免分化，以及大眾化的系統。將他人的成功視爲無法容忍的、冒犯的那種「平等主義」，我個人並不相信。於此同時，他們也憑空設想了沒有實質內容、更無法立即實踐的法律，卻說服他人那就是全新的進展。然而，在這個幾百萬人無法居得其所的國家，我們還能談什麼基本的居住權?眞正的平等不是寫在法條裡的，而是讓每個人在實質上的起跑點都一致；平等是賦予每一個人要在學校或工作上成功所需的工具，或是能夠順利應對健康、能動性與安全問題。政治應該帶給法國人的，就是這些——他們要的，不是對每個人都承諾一個單一的模式，而是在所有人生命中的每個階段，都賦予他們相同的可能性和機會。

我們也應該從模仿的經濟模式，轉換爲創新的經濟模式。我們現在已經沒有像黃金三十年[28]時代的重大經濟計畫；我們的目標再也不是模仿國外發想設計的產品，而是我們自己國內的創新。這個新興模式的強度和力道，必須聯合能夠鞏固住幾百萬名消費者的企業。這帶來的結果將會是極度去中心化，且更爲橫向的經濟模式；在這種模式中，消費者是價值最主要的創造者。然而，創新本身並不是一種進步。爲了創新而創新，就像是漫無目的的遊盪。重點在於我們將創新應用在哪裡，這才是我們賦予創新的方向。面對創新，我們不該天眞地覺得自滿，反而該以清晰明白的眼光來看待，讓科技得以爲經濟、社會及生態進展盡一份力，並讓這樣的創新爲我們帶來行動的自由。

我們對個人安全的保護，應該優先於對特定團體的保護。全國抵抗運動委員會的成員在一九四五年就已經達成共識，將疾病、工安意外及退休納入考慮。他們爲了處理這些議題，只根據一個基本原則，創立了社會保障制度：有工作的人若面對疾病、高齡與工安意外，社會應該提供保障，並依勞工的身分和所屬領域而不同，有時則因職業別而異。然而，他們卻無法預知會有迅速且猛烈的社會巨變和產業空心化，因而引發結構上的脆弱。他們沒料到有一天，失業率會達到百分之十，也無法想像勞動市場的分裂、臨

28 譯注：黃金三十年（les Trente Glorieuses）指的是二次大戰後，在一九四五年至一九七五年間的重建與發展，伴隨的社會變遷包括戰後嬰兒潮、生活水準提高、消費主義及大量生產等等。

時職缺的與日俱增，還有一個——一言以敝之——後勞工時代（post-salarial）的經濟模式。眞實情況是，我們的社會保障措施，已經無法保護無業的人民了，但他們的人數卻日漸增長。

爲了解決這種現實上的不公平，也爲了在這個不安全的世界中支持所有人，新的社會保障已不該再因人而異；而是應該以更透明、更普遍化的方式組織，讓每個人都有應享的權利，也同時有應盡的義務。

最後，我們應該從「以中央爲重心」的模式，轉變爲「人人都能參與」的模式。誰會認眞認爲最理想的治理方式，是從巴黎對一切事務發號施令、用同樣的方法解決不同問題、把人民當成掌控的客體，卻不認爲他們也是整個社會的行動者之一？法國社會充滿活力，但這份活力並不只出自傳統途徑，像是巴黎、主要政府部門、名校和大企業。我們國家的生命力是一種恩賜！國家再也不能像以前一樣，只靠單方面的決定來迎擊這些世紀挑戰。所以，在像環境變遷這類重要的議題上，我們需要的是全民的投入。爲我們的生產模式帶來轉變的，就是這些企業、勞工、消費者和公務員。因此，我們應該刻不容緩，盡可能給最多數人行動、成功、負責以及投入的能力。

我們有兩種方法可以選擇。其一是比較極端的療法，只能拖長時間，延遲臨床上的死亡——沒讓病情加重就謝天謝地了。另外一種治療方式，是從幾項我們仔細挑選出來的優先任務裡，重新由基礎來組織我們的模式，再次建立整體平衡。

我們在左右人民生活的議題上妥協的那個時代，已經過去了；我們只需改變自己的思考邏輯。

讓法國的兩個極端和解，就是回應法國人對平衡的榮景的渴望；讓每個人都能**自由**自在地創造、行動和創新經營，也有實現上述行動的**平等**機會，再加上社會中的**博愛**——尤其是對最弱勢的人。

讓法國團結起來的，是接受、也是拒絕：接受原因與目的的多元，拒絕宿命論。我們想要給所有人自主性、讓每個人都有立足之地的決心，正是源自於此。我們夢想擁有這樣的國家——每位國民都獨一無二，但是人人在權利上都是平等。

這樣的大工程得花上十年，我們最好從現在開始。

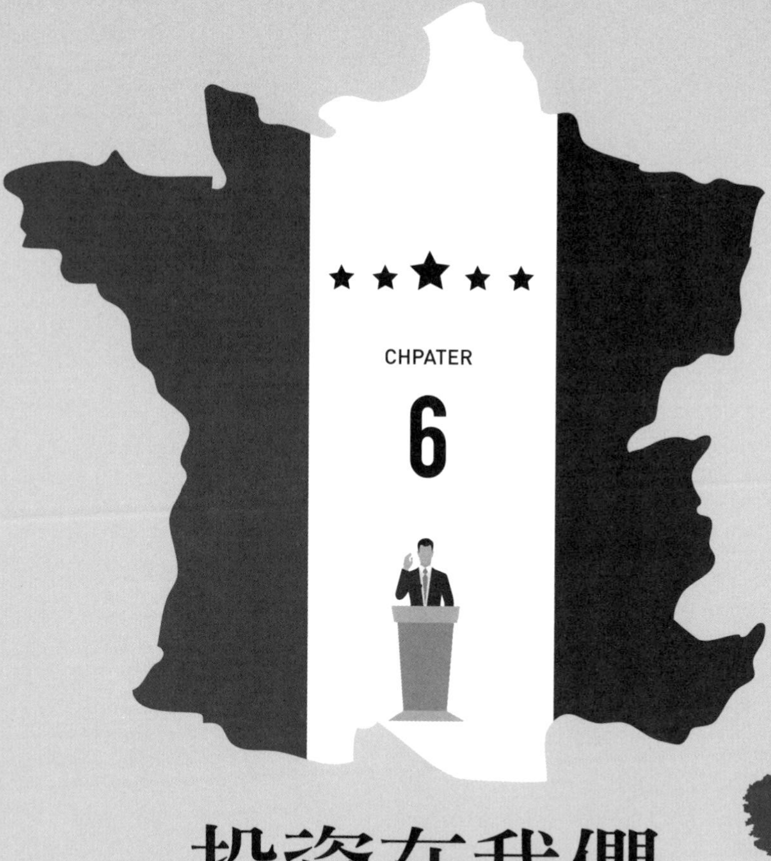

投資在我們的未來

如果我們想要成長茁壯，平等地對待最弱勢的人，又想同時保有法國的國際地位，就只有一條路可走：在我們國內生產，創造一個全新榮景的社會。實際上，法國的產業空心化正是讓我們陷入困境的原因之一。關鍵不在於讓法國重回戰後時期的工業化，這一點意義也沒有。我們應該懷有抱負，重拾存在於我們歷史與身分認同中，那生產力蓬勃的夢想。

這場工業夢來自柯爾貝[29]時代的國家主義，是拿破崙三世時期工業革命的先鋒，也致力於橫跨第四與第五共和最初幾年的現代化。這國家主義對國內企業家及勞動者的啓發從未停止，也存在於我們身分認同的中心。因爲一直以來，法國就認定自己是一個創造、發明、創新的國家，對人類的發展進步扮演著重要的角色。

與這兩百多年的抱負相較之下，今日的現實又更爲嚴峻。自二〇〇〇年以來，我們毀了將近九十萬製造業的工作機會；我們的工業原先占國民生產毛額的百分之十七，現已降到百分之十二。因此，再也沒有比重振我們的工業更緊急的事了，因爲長時間以來，工業已經遭受到相當大的損害。

重新打造我國的工業，也是來自於社會的迫切需求。若我們宣稱在法國，我們不想放棄最弱勢的環節，卻同時任由法國工業偏離既定方向還泰然自若，這是完全沒有意義的。眞正的繁榮首先建立在生產上，才能接著開枝散葉；如果沒有生產，就沒有所謂的「社會模式」。

達成這個目標的先決條件是選擇正確的經濟政策。然而，從過去的三十年起直到最近，我們決定以增加公共支出，來取代經濟成長。我們在社會福利上非常慷慨，卻從來沒有著手處理群眾失業的根源。我們維持房屋補助制度，但住宅的建築卻沒有跟上需求的速度。簡而言之，我們建立了一個因循苟且的花費模式，這些花費卻不具建設性。時至今日，這種模式只能苟延殘喘。我們的負債率已經不允許我們一再累積更多的財務虧損，來支撐現在的開支了；現有強制性稅收（prélèvements obligatoires）的稅率，也禁止我們再提高任何稅賦。即便如此，難道這就代表政府應該涇渭不分地刪減預算，或是

29譯注：柯爾貝（Jean-Baptiste Colbert，1619-1683）是路易十四的大臣，極具影響力，尤其因爲掌控財政、贊助藝術與科學，並且發展海外貿易而聞名；他鼓勵在法國國內製造奢侈品，例如鏡子、紡織品和造船業等，使法國工業與貿易發展迅速。

一步步地限縮開支嗎？這也一樣令人匪夷所思。這一刻，是我們最需要投資在教育、健康或能源轉型領域的時候——需要投資的不只是這些。在這些領域裡，國家的行動能夠更有效率，但若沒有國家的參與，就無法完成任何事情。

因此，我對這種「重振經濟」和「緊縮政策」兩派之間的辯論，總覺得不太自在。我認爲這類型分割的假定都是有偏差的。第一派人認爲要支撐我們的經濟，只要繼續增加虧損就可以了，完全不考慮國家的財政情況。第二派人則認爲只需減少開支，不惜代價地降低赤字，就能成長前進。這兩種看法都是錯誤的。在今天這種轉型的情境中，把目標放在將國庫的損益平衡，是不適當的；不去考慮我們公共支出的程度和效率、所得稅及各種稅率及規費，是不健全的。

我贊成遵守降低公共支出的政策。比起專注在虧損上，眞正重要的是我們應該依據公共支出所設定的目標來管理國庫；不需削弱經濟成長，或重新檢討必須的社會保障就能夠達成。我們在社會福利所花費的金額，占國民生產毛額的百分之五十六，而在社福措施與法國相當的歐盟區，所占的金額比例則是百分之四十九。我們能夠把目標放在讓公共支出更有效率，以堅決但合理的步調來趨近這個數字。

我們首先應該進行的，是眞正的節流，以及確保所有在地的利益關係人都能夠負起責任，而不是持續刪減公共預算。我們必須將優先順序與必要的公平謹記在心，所有公部門——包括國家、政府官員、地方行政及社會福利機關，都有貢獻一己之力的使命。以預算一百八十億歐元的房屋補助來說，眞正領取補助的人所受到的照顧反而不如房東或屋主，甚至還助長不動產的價格高漲，不去改革這樣的制度合理嗎？即便權力已經逐漸轉移到各地方政府，卻仍放任公共行政支出繼續增加，但投資金額相對越來越受限，這樣適當嗎？在我國的財政缺口高達四十億歐元時，卻還是把失業救濟金的金額上限維持在超過六千歐元，這樣實際嗎？重新將這些議題納入考量，就足以讓我們降低強制性稅收的課徵。

短期內最首要的，是去選擇能讓我們走上正途的策略性決定。面對「重振經濟」的忠實擁護者，我們必須著手進行結構上的重大改革，系統性地檢視公共政策，並果斷刪減效用最低的花費。而面對支持「緊縮政策」的一方，我們必須承認我們的經濟在某些領域有必要的需求，而且還在掙扎著從經濟金融危機中走出來。犧牲我們未來的成長，只爲了降低占來年國民生產毛額百分之零點一的虧損，甚至不去利用歷年來相對較低的利率，來對有利於促進經濟的投資項目出資——這令人匪夷所思。因此我認爲以短期而言，我們應該實行的是重視經濟成長的政策，而這將仰賴兩個志向一樣遠大的基礎：在關鍵領域裡的公共投資，以及長期降低眼前的支出。

我認爲有三個領域，是公共投資應該優先考慮的。

第一是經濟學家所謂的「人力資本」，也就是教育與培訓。我再次強調，在學校、高等教育及研究，甚至繼續教育[30]上的投資，絕對是非常重要的。那才是在將來的幾十年間，讓法國能夠實踐抱負的唯一方法。我們在這個領域的進展已經太慢，也讓我們付出了嚴重的代價——降低了我們的生產力、創新力以及競爭力，造成大量失業，也加深了不平等。即使是完全從財政的角度來看，也是有害無益：因爲節省了在學校或培訓上的資金，反而強迫我們花更多錢來彌補其造成的損失。投資在「人力資本」上，就等於投資法國的創新。以健康醫療領域爲例，我們在公立醫院、國家實驗室及企業內的創新能力尤其出色。

目前，我們以抵減稅額的方式來補助這些機構，羨煞了全世界。因爲這讓企業能夠把一部分的應繳稅額，挪用到他們對研發的投資上。然而，對於創新發展這件事，我們的系統還是停滯不前，系統的研發程序太冗長，規範又太複雜了。法國人雖發明出人工心臟這樣獨步全球的技術，但面對複雜的行政系統，研究者幾乎必須到國外才能執行計畫。這再次證明我們不只應該投資，更應該大幅簡化實踐上的困難，才能夠支持與鼓勵……而不是束縛與阻撓。

公共投資應該優先考量的第二個領域，是生態轉型。如果某些人繼續不計代價地滿足自己的短期利益，我們將走向失敗。在能源產業，無庸置疑的是——自由市場並不會主動補償富有道德感的企業和人民。因此，住宅的供熱變革及公眾電力的使用需要公共投資。然而，在生態農業領域中也是如此，面對一個需要整個產業共同努力才能啓動的

30譯注：繼續教育（continuing education）指成人在離開正規學校教育後，繼續參與的教育活動，可以延續終生。「繼續教育」強調的是教育活動的「繼續性」，即指在全時正規教育之後，個人再行參與的教育活動，尤其用以指大學或專業組織所提供的教育活動；而「成人教育」則從教育對象的觀點出發。繼續教育主要以成人爲對象；而成人教育的性質即爲繼續教育的活動，故二者在實質內容上差異甚少，經常被視爲同義詞交互使用。最近的趨勢常將二者結合使用，而以「成人及繼續教育」來泛指所有爲成人所提供的繼續學習活動。

新模式，單一個體戶農夫連轉型到新模式的方法都不見得擁有。這也是國內建設和運輸的課題，我們需要公權力強制的整體協調與動員，讓國內各區域間更加通達；我們同時也應該將國家的長期計畫，告知各企業利益關係人。在這些領域裡，國家都應該介入，對正確的利益關係人傳達正確的訊息、投資、鼓勵創新、強化環境稅制，並支持不論大小的所有企業，都能將我們導向一個低碳且尊重環境的經濟模式。

第三個領域，是在法國各處的數位光纖布署。在鐵路、電力、電視、電話等網絡之後，這是我們史上少有的全國性計畫，對偏鄉來說又格外重要。今天，要讓我們的整體經濟快速現代化，光纖網路是不可或缺的，如此才能在幾年內，就得以再度超越關鍵的科技。我就任經濟部長時，與電信業者合作，積極主導目前的光纖布署政策。但對最偏遠的鄉村地區而言，我意識到國家除了共同補助之外，更應該當機立斷地投入。若遇上電信業者無法克服的困難，國家應該提出創新的解決方式，包括使用衛星網路。

我想制定的，是一項為期五年的公共投資計畫。這是回應整個國家及經濟活動參與者的需求長年以來唯一的方法，也只有這樣，才能給他們必須的長期視野。我希望歐盟能夠迅速地在這個領域主動採取行動，而不想等待搖擺不定、甚至可能為時已晚的決定。

當然，預算法規應該透過削減公共支出，來促成我們降低長久以來的虧損——這是我們的政府部門運作不良的結果；但法規也不應該讓我們錯失機會。這就是為什麼我在進行國內及全歐洲層級的討論時，堅持不將這兩件事混為一談：一方面，是我們在公共支出上必須講求節省和效率，這沒有任何討論空間；另一方面，則是我們對投資和經濟現代化的需求。

在這個主題上，我們可以看到歐盟扮演著決定性的角色。假使我們想要打造法國的未來，就必須在國內進行徹底的變革，並且同時投資在法國與歐盟上。

同樣地，企業本身也必須參與對私人企業的投資。如此一來，創新發明與新經濟活動的發展，才能讓我們往穩固的成長模式邁進。二十年前，法國認為限縮自動化產業的投資是對工作機會的保障，因而在自動化的戰場鎩羽而歸。實際上不僅並非如此，還正好相反。以德國而言，德國工廠擁有的自動化設備是我們的五倍，卻還是能保住許多工業的工作機會；他們現在的失業率，幾乎只有我們的一半。今天，法國不應該再錯失經濟創新及邁向數位化的機會了。

因此，所有的企業，不論大小、手工業或是製造業，都應該得以重建能夠用來投資的多餘利潤。爲了達到這個目的，他們需要的是長遠的視野和穩定。他們必須能夠爲未來打算，預估投資，制定公司策略，接著啓程征服新市場。今天在法國，企業浪費太多時間在釐清不斷修改的法條。當我們的經濟正在全速轉變、整體情勢的不確定性越來越高時，公權力的責任，就是避免自己成爲不安定和停滯的源頭。

偶爾，甚至連正確的方法都無濟於事，因爲不穩定的情勢讓他們也變得很不明確。我們要從何解釋自二〇〇〇年以來，法國的勞工法已經修改了五十次？在一次五年的總統任期內，某產業的規範或稅務條件一改再改，又能有什麼合理的藉口？

那麼讓我們建立幾個基本原則。一旦開始進行一項改革，就不要再修改所採用的措施；先實際施行之後，再評價論斷；在同一個任期內，我們必須承諾不去反覆修改同一條稅法。這些對我們的經濟活動舉足輕重的法令，由於經過多次修訂，而嚴重擾亂整體經濟——即便這些修訂的決策有正當原因。在許多經濟領域中，例如房產業、農業、旅館業和餐飲業，相關法規已經修改得太頻繁了。我希望在我們重新檢視現存卻可能毫無用處的法規之前，不要再增加新的規則。我們需要召集這些經濟活動的參與者與全體法國國民，一起來鑑別已經過時的法令，也需要各地方政府官員的判斷力與嚴密的一致合作。

我曾造訪一間距離奧里亞克幾公里的乳品廠，工廠的年輕負責人告訴我，兩年前，他曾被要求在牛圈的出入口處，花錢設置腳踏消毒池。幾個月後，同一個政府部門因爲衛生問題而否決原先的指令，最後要他拆除消毒池。這項規定就這樣憑空出現，什麼解釋都沒有；接著，規則又改變了，也毫無任何細節說明。這場鬧劇犧牲掉他三個月的收入。在這種情況下，我們如何能認爲國家還有公信力？當國家以不知所以然的專橫方式，逐漸使我們的企業弱化時，企業怎麼還能投資在有利的轉變上？

爲了投資創新，企業必須重新找回他們的利潤，因此必須降低其勞力、能源及資本的花費。在這方面，現行政策將創造一個轉捩點，尤其是在勞力成本上。「競爭力與就業稅額減免政策」，以及「責任與團結協議」[31]將還給企業一些操作的空間，並防止工作機會不斷流失。

在這方面，我希望事情條理分明。我希望降低有害於企業競爭力的稅收，並支持對生產的投資。爲了達到這個目的，首先，我會將競爭力與就業稅額減免政策轉型成減輕稅捐的方案，並選擇其他減輕或取消資方社會補助提撥款的方法；此方案的預算來源會是我們在公共支出上的節流，或是較具鼓勵性質——尤其是污染或消費相關——的稅法。在這樣的條件下，企業才能夠兼顧人力聘用及投資——也就是攸關我們經濟最優先的兩件事。

但以創新而言，維持法規和調降資方提撥款當然不是全部。有一種力量，是我們必須鼓勵並發展的，也就是創業精神。我們常常談到新創公司，這個詞背後的意義，比起一窩蜂盲從還重要得多。這是一種正在崛起的企業和新創企業家的全新模式。

此爲經濟轉變和文化變遷的催化劑。因爲法國人的矛盾，到現在都還可能對我們的未來，有攸關命運的影響——我們一面譴責失敗，卻又一面排斥成功者。對失敗的恐懼深植在我們的孩子心中；在學校，我們強迫表現不好的學生遵守單一的模範生規則，結果就是我們的年輕人失去自信，不敢放膽去做。這就是爲何我認爲我們必須謹記，就算一個人失敗，最重要的，也至少是因爲他敢於嘗試在先。比起未曾嘗試的人，他們應該擁有決定性的優勢，因爲他們累積了經驗。同時，我們應該承認成功的價值，這是一體兩面的。我們得學會嘉許與認可各領域的成功人士。所以，讓我們把聚光燈的焦點放在法國所有成功人士身上，不管是企業家、社會人士、學者、運動員或文化界人士。

爲了讓這樣的創業精神在法國成功建立且發展，我只希望達成兩件簡單的事。一是建立一個獎勵「風險承擔」的稅制，鼓勵民眾憑藉天分、工作及創新來致富，而不是靠股息和投資不動產。我們的稅法制度——這裡我指的包括現在的富人稅——不應該再繼續懲罰那些在人生中成功，並投資在企業和新發明上的人。

接著，我們應該要有一個提供資金的系統，允許企業能夠快速籌得大量的資金。這

31 譯注：競爭力與就業稅額減免政策（CICE，crédit d'impôt compétitivité emploi）的目的在於促進私人企業投資，鼓勵開發新市場、投入研究創新，以及增加雇員，讓企業大幅節稅來降低勞力成本。法國政府已宣布自二〇一九年一月一日起取消此政策，目前仍適用的地區僅剩法屬馬約特島。責任與團結協議（pacte de responsabilité et de solidarité）則是在二〇一四年一月由歐朗德總統宣布、同年四月八日由總理瓦爾斯（Manuel Valls，1962-）執行的新政策，目標是促進法國經濟成長與就業率，加速企業創造新職缺，以及提高低收入家庭的購買力。

在知識經濟的世界中，至關重要。

我們要怎麼解釋像Uber這樣提供搭乘服務的公司，即使他們在法國本地的競爭者或多或少也提供相同服務，但他們卻是現今法國的領導品牌？因爲Uber已經獲得了幾百億美元的投資，但同樣的法國公司卻只能集資到幾千萬歐元而已。法國的問題就在於缺乏快速募得大量資金的正當管道。

最後，若我們的國家不能確保一個公平的保護措施，並且一視同仁地要求所有人都遵守法規，就不會有任何對我們國家未來的投資。爲此，我們首先需要一個競爭政策，在我眼裡，這是一個非常重要的工具，但我們太常故意用此來和產業政策唱反調。然而，如果小規模的公司和新創企業努力奮鬥及創新，這個競爭政策就能夠提供他們進入市場的機會。要是競爭不存在，空間就只會保留給長久以來一直在市場裡、互相理解又能互相達成協議的老手。競爭可以避免串通、促進自由，這是最重要的。

當務農者面對銷售通路時，若我們不能保護他們、無法確保公平競爭，讓他們能避免某些盤商聯手剝削他們的利潤，那麼他們要如何創新，並投資在生產工具的轉變？以創新而言，競爭是必要的存在。

國家也有責任，提供長遠的願景。

我再深入探討同一個例子：爲了繼續生存，農人迫切需要的通常是現代化、購入能夠降低生產成本的機器，以及提高農產品的價值。如同所有的經濟活動參與者，他們需要用穩定性來撐上好幾年，對務農者來說尤其如此，若我們不進行市場管制來協助他們克服價格波動，投資這件事將難上加難。國家應該保障長期的穩定性，並透過同業協定（contrats de filière），來保護重要的創新。

至於來自其他國家的不正當競爭，對創新與就業顯然是種阻撓。我們也必須確保各方遵守遊戲規則，並協同歐盟堅定地並肩作戰，對抗所有的不正當競爭。在此，歐洲的經濟主權舉足輕重。當來自亞洲或美國的大企業不遵守遊戲規則時，當一個策略上很重要的領域必須受保護時，公權力就應該出面負責。身爲督察，我竭盡全力讓中國鋼鐵業聽到歐盟的聲音，並得以把法國本土的鋼鐵煉製業保護得更好。面對網路巨人的競爭，我捍衛我們的手工業和小店家，更主張新的經濟模式對他們而言，應該被視爲成長的機會。這也代表著要解除阻止這些企業發展的障礙，得先落實對這四大知名企業：

Google、Apple、Facebook和Amazon增加規範以及徵稅開始。

有一些產業，是不能任由市場的走向來決定的。對於保護國家主權，我們應該沉著穩重，動用任何可能的公共干涉措施：像是直接支援、政府持股，或允許外資投資……等。國防產業對我們的軍事主權來說，是顯而易見的策略性關鍵。國家的角色就像客戶，直接支持軍事計畫的發展。在這個產業裡，國家應該維持在幾個關鍵企業所持有的股份，並且嚴密監控私人企業的資金變動。當議題涉及天然材料或能源時，國家也必須守在最前線，因爲與其利害攸關的，是我國的能源獨立，面對多元的環保方式取捨是否有所依據、整體企業的成本，以及全體國民的購買力。這就是爲何最近核能產業能夠被國家認可合法重建的原因；這是無碳發電的唯一方式，而且價格特別具有競爭力。這也是爲什麼在未來，國家能夠合法支持多元化的能源組成，目的在於避免對單一科技的依賴。

這就是我從來不接受那些教條下的現成解決方式的原因——不管是柯爾貝的重商主義，還是自由主義。前者是國家主導，下所有決定、管理與執行：也就是緬懷著「計算計畫[32]」那個時代的人。後者則認爲自由市場不可能出錯，最好的產業政策就是沒有產業政策。對我來說，兩個方法我都不認可；前者的效率有待商榷，後者則過於單純得危險。

因此，爲了讓我們的企業能夠投資在未來上，國家的角色在於提供公平的保護，及確保對法規的遵守，這是極大的挑戰。十年來，法國一直掙扎著想克服二〇〇八年開始的經濟危機所帶來的後遺症。雖然有時是情有可原，但我們非常執著在短期的貿易逆差、預算赤字，或是獲利率與利息上。從許多方面看來，這些指標都已有進步，我們已經降低了預算虧損，競爭力也有可觀的改善。但事實上，我們已經在全球化的浪潮中漂流了三十年，卻仍找不到自己的定位——位於數位化、文化及生態重大轉變的最前線，出色且富創新與創業精神的經濟模式。

32 譯注：計算計畫（Le Plan Calcul）是戴高樂總統於一九六六年推行的政策，目的是發展資訊科技，彌補法國戰後在此領域相對於其他國家的落後；在此計畫下，法國政府設立了電腦硬體製造及軟體研發的機構，以降低法國在資訊科技產業對美國的依賴。

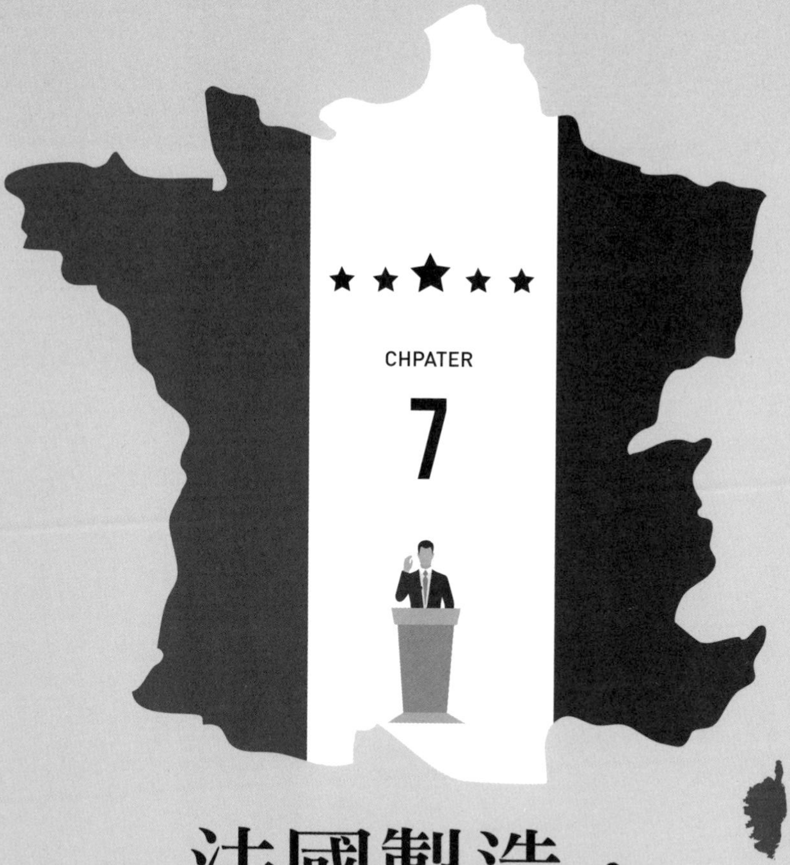

CHPATER

7

法國製造，拯救地球

在二十一世紀，如果我們想在經濟上成功，就也得提出我們對生態挑戰的回應。我們要如何在不破壞地球、也不犧牲生活品質的情況下，讓超過百億的人類在地球上生存？環境議題不只是眾多問題的其中之一，也不是一張待辦清單裡應該打勾的事項而已。這已經成爲最重要的事，是我們日常生活的核心，因爲這關乎我們的食物供應、健康、居住與交通運輸方式。這顛覆了我們的發展模式，也更進一步對我們社會文明的永存造成衝擊。

爲環境而戰，首先就是一場政治戰爭。就像在上個世紀，有人會選擇忽略正在擴大的社會階級鴻溝一樣，今天也還有氣候變遷懷疑論者，可能出於信念、可能出於其他考量，甚至連全球暖化的存在都否認。不管在美國或在歐洲，都有幾位總統或總統候選人公開捍衛這樣的論點：聽著他們說的，就感覺我們彷彿可以和今天一樣生活、消費和生產。然而，像尚・茹澤爾[33]這樣最優秀的專家，已經把話說得很明白，也從來沒有被質疑。

我們應該持續提高世人對此的關注，繼續闡明、以行動來宣告，讓大家知道我們已經毫無選擇，並必須緊急加速我們已經著手進行的轉變措施。

以國際層級來說，最首要的是設定我們的目標，來逆轉持續升高的溫室氣體排放。在二〇一五年舉行於巴黎的第二十一屆聯合國氣候高峰會，我們已經踏出了第一步，達成一份協定，預計從現在起至二一〇〇年，可以將氣候暖化控制在攝氏兩度以內。

我們能夠達到這樣的共識，正反映出有越來越多人認爲地球正處於險境，我們必須採取行動。事實上，自從工業時代的開端，地面平均溫度就已經升高了一度，結果顯而易見：每年都比前一年更熱，我們又得花更多錢，榨乾最後一滴現有的能源，而不是把錢花在促進未來能源的發展上。第七塊由塑膠構成的大陸，已經開始浮出海面；一方面，我們浪費了三分之一我們生產的食物，但另一方面，體重過重的情形越來越普遍；我們只用一兩年的電子產品，卻得花上幾世紀才能自然分解。這種傾向只會越來越嚴

33 譯注：尚・茹澤爾（Jean Jouzel，1947-）爲法國氣候學家，二〇〇七年諾貝爾和平獎得主，氣候變遷爲其專門領域之一。根據他的研究，自工業革命以來，人類活動導致溫室氣體快速增加，其中百分之七十來自石化燃料燃燒。增加的熱量主要被海洋吸收，導致海面溫度提高及海平面升高，降低積雪量及冰山面積。全球暖化對生態系統及人類社會造成的影響包括海洋酸化、極端氣候現象發生頻率增加、引發糧食短缺及對生物多樣性的衝擊等等。

重。從現在開始到二一〇〇年，如果我們對降低溫室氣體的排放無所作爲的話，全球平均溫度可能因此升高四度以上，首當其衝的會是海平面的急遽上升，一些島嶼、甚至像孟加拉這樣的整個國家將會消失；極端氣候現象也會明顯增加。

這將對環境造成嚴重的衝擊，但在社會方面的影響也不容小覷，因爲氣候難民的人數可能達到幾億人，將對移民及世界和平造成影響：舉例而言，敘利亞在二〇〇六至二〇一一年間，遭遇了史無前例的乾旱。乾旱肇因於氣候變遷，且被認爲是造成戰爭的原因之一。絕對不要忘記，氣候的挑戰最先威脅到的，是最弱勢、最貧困，最年輕，以及我們未來世代的人們。

二〇一六年的氣溫新高無疑是史無前例的高溫，提醒著我們行動的急迫性。這就是爲什麼我對法國這次爲了達成《巴黎協定[34]》所實踐的努力而感到驕傲。此少見地動員了世界各地的所有中堅分子——國家、企業、工會、協會、各級政府及宗教活動。

然而，我們需要完成的事還有很多，尤其在唐納．川普（Donald Trump）當選之後。在全球一片辯論聲中，歐洲應該讓自己的聲音被聽見，才能使在第二十一屆聯合國氣候高峰會時達成的協議，包括美國自己所許下的承諾，受到遵守。特別是這些努力，並不能讓我們保持在以小於攝氏兩度爲目標的路程上，我們一定需要更多努力。爲了保護生物多樣性、保護海洋，以及持續納入永續發展的新議題，一個規模相當的國際動員非常關鍵。在這裡，我們的國家也一樣，扮演著舉足輕重的角色。我們有全世界第二大的海洋區域；是十八個生物多樣性最豐富的國家中，唯一一個上榜的歐洲國家；在全世界數量最多的瀕臨滅絕動物物種棲息的國家中，也名列前十。而且，我們也參與所有世界性的核心管理機構，包括七大工業國組織[35]、二十國集團[36]，以及聯合國安全理事會。

34 譯注：《巴黎協定》（l'Accord de Paris）是由聯合國一百九十五個成員國，於二〇一五年十二月舉行的聯合國氣候高峰會（COP21）中，所通過的氣候協議，取代了《京都議定書》，將減排義務擴及至中國與印度；並要求已開發國家需提供氣候變遷資金，來幫助開發中國家減少溫室氣體排放，期望能共同遏阻全球暖化趨勢。二〇一六年四月二十二日，由一百七十一個國家於聯合國總部簽署。二〇一七年六月一日，美國總統川普宣布美國將退出《巴黎協定》。

35 譯注：七大工業國組織（G7）創始於一九七三年，創始五國爲美國、日本、西德（今德國）、法國、英國。此後，義大利、加拿大與俄羅斯分別於一九七五、一九七六及一九九七年加入，成員國變爲八國。然而，俄羅斯因二〇一四年的克里米亞事件遭凍結會籍，因此重新恢復爲七大工業國組織。

我們必須帶頭組織並護衛這次行動。讓我們集合起在此議題上能夠負責的幾個政府機關，在我們的海外領地37貫徹實行，因為這裡是能喚醒世人關注這些議題的人間仙境。就是在我們的海外領地，才能夠眞實呈現法國的生物多樣性及多元氣候，這是全世界的法國。因此，我們應該從那裡開始組織，從那裡傳達訊息，而不是從巴黎。

然而，我們自己也必須做好榜樣。這就是爲什麼，我希望把新的環保模式，放在接下來幾年會在法國實施、且歐盟也即將發展的政策中心。

如此一來，我們在向世界發聲時，將會有我們的合理性。我是樂觀主義者。我們即將實行的環保模式，和我們想促進的新經濟一點都不抵觸，甚至還是其組成要素之一。對那些知道如何提供新的解決方式、如何建造能源產出高於消耗的節能住宅、如何發展有機農業……等等的企業來說，這反而代表一種新的經濟機會。正因爲如此，公共投資和支持是不可或缺的。這對我們的社會來說也是一個契機，因爲這些解決方式能讓我們吃得更好、身體更健康，還有呼吸污染沒那麼嚴重的空氣……簡而言之就是提高生活品質。

將來，經濟和環保的當務之急根本完全不會互相矛盾，反而越來越相輔相成。所有人都知道陽光動力號（Solar Impulse）的歷險，這架飛行器只靠著太陽能，就完成了環繞地球一週的旅程。但比較鮮爲人知的是，靠著新化學領域中的科學發展，才讓這件事成爲可能。在環境創新領域，法國擁有成爲世界領導者的所有優勢。未來，所謂的清淨科技（Cleantech），將會是世界經濟的主要支柱之一。

36 譯注：創建二十國集團（G20）的想法，最初是由八大工業國組織（現今爲七大工業國組織）的財政部長，於一九九九年九月提出於美國首都華盛頓，目的在於防止類似亞洲金融風暴的重演，讓有關國家就國際經濟、貨幣政策舉行非正式對話，以利於國際金融和貨幣體系的穩定；後於一九九九年十二月十六日在德國柏林成立，屬於布列敦森林體系框架內對話的一種機制。成員國包括七大工業國組織（美國、英國、法國、德國、義大利、加拿大、日本），金磚五國（中國、印度、巴西、俄羅斯、南非），七個重要經濟體（澳大利亞、墨西哥、南韓、土耳其、印尼、沙烏地阿拉伯、阿根廷），以及歐盟。

37 譯注：法國有十二個海外領地，包含馬丁尼克（Martinique）、瓜德洛普（Guadeloupe）、法屬圭亞那、留尼旺（la Réunion）、馬約特（Mayotte）、聖皮耶和米圭隆島（Saint-Pierre-et-Miquelon）、聖巴瑟（Saint-Barthélemy）、聖馬丁（Saint-Martin）、瓦利斯群島和富圖納群島（Wallis-et-Futuna）及法屬玻里尼西亞（Polynésie française），再加上特殊行政單位——新克里多尼亞（la Nouvelle-Calédonie）。這些海外領土繼承自原先的法蘭西殖民帝國，分布於南美洲、大洋洲、南極洲及印度洋。至二〇一九年，海外領地人口已達超過兩百八十萬人；其行政與司法體制與法國本土差異甚大，經濟條件也相對落後。

二〇〇九年後，太陽能光電科技的運作成本已經降低超過百分之八十，且從現在到二〇二五年，可能還會再遽降約百分之六十，因而將成爲最便宜的發電方式。以可再生能源而言，例如風力和太陽能，我們知道其他最根本的問題，在於長途運輸及儲存。但這些問題，正是全球所有大集團和新創公司正在努力的重點，而法國公司在其中名列前茅。

此外，無論在現在或是未來，海洋都將成爲我們能源轉變的重心地帶。可再生的海洋能源會繼續發展，也讓我們的能源生產得以多樣化。

至於能源效率，我們知道應該把重點放在降低建築物的能源消耗，實踐建築物的熱隔絕，並爲其配備高效能的供暖系統。一切都在進行中，冷凝式鍋爐已經成爲標準配備，熱泵和燃木供暖的效益也大大提高；同時，建築公司也正盡其所能，讓屋頂和建築牆面的熱隔絕價格更爲低廉。

我們正在改變時代。過去的年代建立在石油產業上；但現在與未來都將越來越倚賴電力的推動，不管是大眾交通運輸，或是個人的移動。我們目睹電動車的卓越發展，車款多元，電池續航力大幅提升，且在十年內，價格將會減半。這些科技能讓大眾共享交通工具及腳踏車，也是讓運輸規劃得以更加完善的數位工具；我們在使用時，也同步在進行創新。

新的生態經濟讓我們得以提升復育土壤、河流，甚至是海洋的能力——今天，海洋已經被貨眞價實的塑膠島毀壞；我們在家裡、在辦公室所呼吸的空氣品質也是如此。因爲空氣污染，一個生活在城市約三十歲居民的預期平均壽命，將減少十五個月；若他生活在郊區，則平均將減少九個月。而且，根據一些研究的評估結果，法國每年因空氣污染而付出的代價超過千億歐元。

我們的工廠本身早已開始大幅轉變。過去二十年間，在一個像法國這樣的國家，降低最多溫室氣體排放的就是這些工廠；而有毒物質，像是硫或戴奧辛的排放，則已經幾乎消失。未來的工廠，能讓我們更近一步將發熱轉換成能源，供城市的供暖網路使用，也能夠重新分解已經過時的消費產品，再賦予他們新生命。總之，就是設計一個零廢棄與回收所有資源的循環經濟。

因爲法國在化學、物理及生物科學領域都有頂尖的研究者，也擁有密集且多元的企業組織，同時包含大集團、正在大幅成長的中小企業，以及競爭力特別強的新創企業網路；因此，我們擁有一切能在清淨科技的領域中，占有強勢地位的優勢。所以，現在這一刻，正是施加給我們所有經濟夥伴強力政治推動力的時候，並以此作爲全國一起爲綠色科技大動員的信號。

我們必須留意，不能錯失這個關鍵時刻。在跨進二十一世紀的那個時間點，我們錯過了資訊傳播科技的轉變和數位革命——現在這些領域，掌控在美國的幾個大集團手裡。在未來五年，我們必須設法讓自己在清淨科技產業中名列前茅。這些是攸關地球以及我們產業主權的關鍵。未來在法國，我們不能再像之前那樣生產製造；畢竟事關幾百萬個工作機會，以及幾十億的經濟規模。

此外，巴黎金融中心正在發展一套策略與適當的規範，使其得以轉變爲綠色金融領域的國際領導者。以這樣的願景來看，我認爲透過施行環保稅法，讓來自我們國民和企業的優良行爲受到重視，也能夠降低勞動的稅收負擔。這種做法對歐洲來說有利無弊。

新的環保模式將讓我們的世界更具特色，因爲二十一世紀是日漸趨向城市的時代。顯然，爲了克服各式各樣的環保挑戰，城市扮演的角色很重要。以這方面來說，我們握有所有的優勢，來讓我們的價值受到重視。

最主要是因為我們得以依據永續城市的歷史模式來發展——我們甚至在這個詞發明之前，就已經如此實踐。不同於大多數的美國或亞洲城市，歐洲的城市非常密集，並不是仰賴汽車交通，或是散亂無章地建造。

就是在這些密集的城市裡，才能發展低碳的大眾運輸模式，與建立智慧能源網路。因此今天，不管是智慧網路的建置、全面打造正能源（énergie positive）社區、發展汽車或腳踏車的共享系統，甚至單純只是一個對健行者或行人更友善的新系統……等。在這些方面，歐洲國家經常處於領先地位。

這樣的城市更有秩序，但也同時更人性化。這促進人與人的相遇，在居民之間創造新的聯繫。我們希望發展的新環境模式並不是處處設限的；多虧了住在平靜城市而重新尋回的那份愜意，這反而更令人心滿意足。此外，居民在城市裡扮演的角色，將越來越主動與重要。透過這些為了管理能源使用、或在城市打造城市菜園而自主成立的社群，我們就可以一窺端倪。

在永續城市的領域，法國擁有知識、能力，以及世界頂尖的專業人士。巴黎有全世界密度最高的地鐵網、里昂是最先採用共享腳踏車的幾個城市之一，這兩件事絕對不是巧合。

這種轉變應該讓所有人都得益，尤其是最有需要的人。無論如何，新的智慧城市，都不該變成專屬於那些負擔得起、在當中生活的人的天堂。因此，我們必須投資在大眾運輸、人口最稠密處的交通疏運上，並重視對都市計畫的政府或私人投資。這座新的智慧城市，應該讓最弱勢的人，也能用最低廉的價格移動，並且居住在舒適的環境裡。

這個新的環保模式也讓我們得以改變我們的鄉村。在這個領域也是一樣，如果我們能夠抓緊時機，這就有潛力成爲我們發展健全農業的主因。首先，是因爲多元化的活動——特別是在能源生產與再生方面，對務農者來說，會是一項成長的收入來源。接著，因爲產業鏈供給的危機（奶類、肉類、穀物類等）、衛生危機（狂牛症和禽流感）和環境危機（殺蟲劑、硝酸鹽）的大量增加，在在顯示現存的農業模式已岌岌可危。一方面，務農者和所有法國人一樣，單純只希望能夠靠他們的工作維生，僅此而已。他們並沒有過度地要求更多補助，而是希望他們的工作能獲得合理的報酬。另一方面，消費者期待的，是更健康、更均衡的食物，這是他們倚賴法國農民能夠帶來的。將來，我們必須在社會和農業世界之間建立一個公約，盡可能讓更多人以負擔得起的價格，買到高品質的農產品，同時也務必確保農民有像樣的收入。此公約必須讓我們的農業更具競爭力、更能永續發展。我認爲這些要素是不衝突的，但應該讓我們的農業和食品加工業，能夠把握這次機會，也得要求大規模的經銷商參與其中。

因此，我們必須透過制定合理價格的公約，對各相關領域進行更完善的管理；所謂的合理價格，應該讓生產者、加工者與販售者都能夠生存與投資；前提是所有的利潤應該透明，且須訂定多年期的長約，讓各個參與者對未來多少有點打算，避免價格波動的影響。每個人都應該了解，我們的食物自主權——也就代表著我們的未來——取決於我們的農業。

在這樣的背景下，二〇二〇年的新「共同農業政策」（PAC，politique agricole commune）將形成一個重要的平台，以實踐一套更有效率的規範，對抵抗價格過度波動的保護，能夠有所進展。

實踐的方式也應該有所改變。農民應該更積極參與供應鏈下游的活動，並提升其農產品價值；對此，我們應該協助並鼓勵。在距離恩納省（l'Aisne）的蒂耶里堡

（Château-Thierry）幾公里處，有一間本來早該歇業的雞豬養殖場，我和該家族飼養場的負責人見了面。那裡養了五十頭母豬，在經過最近幾年不景氣的摧殘之後，他束手無策；但後來他投資在牲畜的品質上，決定自己加工，直接販售，不經盤商之手。今天，他不只能夠以此謀生，且他的三個小孩都能夠接手，繼續進行多角化經營。

有些葡萄農也已經採取這樣的轉變方式，以法定原產地命名認證（AOC，les appellations d’origine contrôlée），來取代像是法國南部那樣的大量生產。那些正可能全盤皆輸的葡萄農，重新找到了一種動態的新經濟模式，隨之而來的則是旅遊觀光的復甦。在葡萄酒莊實施的做法，也應該應用到所有的產業領域，也可因此提高國內外的市占率。最近，聯合國教育、科學與文化組織（UNESCO）將法國美食列爲人類無形文化遺產。以這個品牌形象爲中心，若我們又能夠提升農產品品質，就可能有更好的市場。我們的農業也和其他所有領域一樣，法國製造的品質並不能只有口號，而是得靠實力贏得。

在所有的世界公民中，法國人是最擔心我們地球未來的，但只要涉及習慣的改變，我們卻只能勉強達到歐洲的平均表現而已，例如資源回收，或建築物的能源革新。環境保護不能只淪爲專家的辯論或大型國際研討會，必須從我們的日常生活做起，存在於每個家庭、企業、在地社群和非營利組織每天所做的決定和行動之中：像是回收、選擇消費通過永續認證的產品、供給耐久的天然材料、製造經過生態考量的產品、以修理取代丟棄、選擇移動方式，以及改良熱隔絕的技術。政府有責任創造新工具並鼓勵使用，但不能代替各個行動參與者下決定。

我們應該讓每個人都能找到自己投入的方式，同時對政府的決策充滿信心。

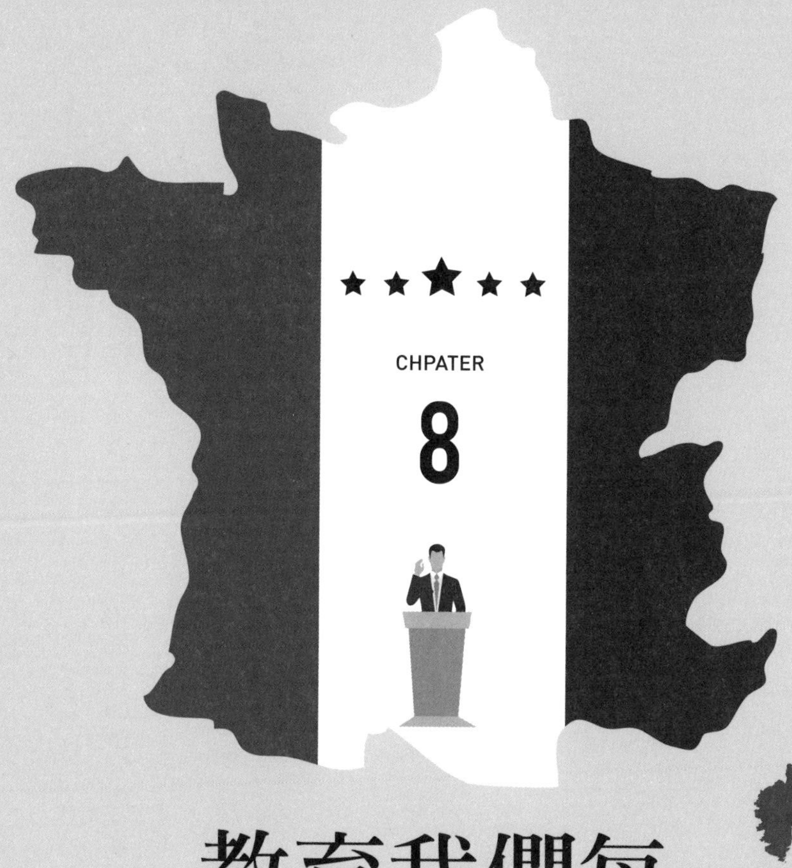

教育我們每一位孩子

投資於我們的未來，以及用二十一世紀的方式生產，是讓我們的生產力復甦的重心。爲了重振國家，並讓每個人在現正進行的轉變中都能找到自己的位置，教育會是我們的第一場戰役。

我們必須拒絕任何將法國人依照不同出身而分類的方式。這樣的拒絕很有法國風格，也成就了我們的偉大。然而除此之外，我們必須盡力使接觸知識和文化的途徑更爲廣布。

在上個世紀，我們的小學、中學、高中、大學和專業學院都沒有讓我們失望。法國成爲科學、科技、商業、軍事、文化及政治領域的巨人，這件事並非偶然，而是歸功於法國人所受的優良教育，讓我們能在這麼長的時間以來，沈浸在如此傑出的成功中。我們盡可能讓最多人受教育，納入新社群，並大幅提高國內持有學士與高等教育文憑之人數比例。

然而現今，我們的辦學成效卻越來越有限。我們的教育系統仍舊不平等，甚至更加惡化，並非改善了不平等的現況。法國學生對自己、也對教育機構缺乏信心，父母則憂心忡忡。更糟的是，這個官僚系統對此冷眼相待，再也不認可教師的努力及價值，使他們在這份漠不關心中苦苦掙扎。

我們有五分之一的小學畢業生不會讀寫，也不會算數。這種慘況的第一批受害者都是最弱勢的兒童，通常來自移民家庭。到了國、高中，他們的表現也不會更好；雖然我們在這些階段也發展了技職專業教育，但實習系統的效率卻比不上我們的德國鄰居。到了國小高年級卻還不識讀寫的學生，幾乎毫無機會繼續接受技職訓練；甚至將來也很難在社會上找到立足之地。

至於我們的高等教育系統，則負責將具備強烈潛能的學生，從其他學生中篩選出來。前者志在進入專業學院或接受最好的大學教育；後者則比較需要支持，通常盲目地進入大學，選擇的學習領域卻是國家應該、卻疏於努力投入，給予注意的課程。

在教育方面，我們進行了許多誤導人民的改革，最近的一次是變更學校課程的時間表，但這卻對兒童的日常生活和學校的正常運作來說，非常重要。政府臨時起意，在沒有設定目標的情況下，先是取消，接著又恢復教師的基礎訓練；教育經費增加後又刪減，什麼目標都沒有達成，也沒有評估結果。左派和右派輪番造成教育的失敗，讓全球第五富裕的法國，成爲一個連習得基本能力的表現都非常平庸的國家；我們在學習數學基本知識、掌握英語口說寫作和其他基礎學科方面，確實有這樣的問題。

太多年來，國家都在避免重大的改革，甚至也禁止提出新問題，因此剝奪了發想創新解決方式的可能性，也阻礙了我們的效率。法國兒童的未來——特別是那三百萬活在貧窮標準下，最弱勢的一群人——需要的遠多於那些不痛不癢的改革、經費多寡的微調，或是一連串改善計畫的討論……。

最需要進行變革的，就是我們的教育系統，這需要從三個方向著手。

首先是小學。因爲一切的不平等就在那裡生根；而且，我們的行動效率在這裡可能最高。在法國，政府對小學教育的投資遠低於已開發國家的平均。而且，只要我們無法提升小學的素質，就無法改善中學的情況，因爲中學需要接納大量的問題學生。因此，我們的首要目標應該是更優質、更平等的幼稚園和小學。

爲此，我們必須重新著重對國內小學投資的重大計畫，主要針對位於教育優先區[38]的幼稚園；該區域的一年級班級人數必須減半，也應強化教師的培訓及支援——尤其在某些都會區及鄉村地帶。我們也必須投資在非教師的工作人員，以及改善學校的醫療上。許多小學畢業卻不會讀寫的孩子，是因爲他們的視力或聽力有問題，或肇因於其他確診得太遲的疾病。若能在徵兆出現的最初期發現，我們就能針對這些問題實行必要的矯正，並給予支持。這將會是我的第一優先，我將藉由重新評估近期一些所費不貲但無效的改革，以作爲其經費來源。

提早入學對來自最弱勢家庭的兒童而言，特別具有習得語言和增加字彙量的正面效果，這已經眾所皆知；語言字彙是閱讀與書寫的先決要件，提早入學的趨勢方興未艾。

我也會重新檢視學區制的運作，開放封閉式的學區觀念，翻轉那些在最年幼的人身上就開始根深蒂固的社會決定論與學業決定論。這意味著需要重新制定有關學生分配的

38譯注：教育優先區（zones d'éducation prioritaires）是教育社會學界發展出針對「知識與教育的近用權」的不平等，所提出的解決方式。這個制度起源自一九八一年，目的在於爲較偏遠或落後地區的教育機構，提供較充裕的資源及更大的自主權，即所謂的「積極性的差別待遇」（positive discrimination）。自二〇〇七年後，法國政府以其他政策取代教育優先區，此名詞也已走入歷史，但仍爲教育界中相關措施的代表性政策。

清楚規範，以及藉由實踐創新與獨特的教學方法，來提升貧困區域學校被就讀的價值，也必須確保校車接送制度的完善。

至於中學，我們會再次恢復那些已經取消的歐洲相關課程，爲年輕人打開公民參與的眼界。我們將在所有中學的國中一年級，重新開設德法語的雙語課程。訓練會說德語的年輕人對於德法關係有其策略性，也符合戴高樂總統在一九六三年時的聲明[39]。

經過中小學後的第二場挑戰，在於高中畢業會考前後的志向；現在負責教育系統的主事者不太操心這件事，所以此事在我眼裡更是刻不容緩。今日，每年約有十萬名年輕人，沒有拿到文憑、也沒獲得該有的職業訓練，就中途退出我們的教育系統。此外，雖然有百分之八十的高中生撐到畢業會考，卻有許多人接著在不適合的大學教育中迷途，而因此放棄。不管對他們或對社會而言，都是浪費。

深層的不平等就是在這種系統下又重新產生的。因爲來自小康家庭或學業表現出色的學生，會進入高等學府的預備學校或接受特別的培訓；更不用說有越來越多年輕人出國，攻讀英語系國家或歐洲的大學。但當沒有人能夠指引年輕人並給予建議時，他們常常很難在預先設定好的大學領域裡，接受到任何訓練。然而，更著重專業的教育或其他學科規劃可能更適合他們。因此，我們必須花更多功夫在方向的指引上，就從中學做起。

這裡指的功夫，並不能以現有系統判斷爲好的、有用的東西爲出發點，而應該考量每位法國年輕人的潛力。他們應該得到清楚的資訊，才能自由選擇自己的道路。正是本著這樣的精神，我才希望不管在大學或專業學院選擇領域時，該教育機構都能夠清楚地公布該系前三年學生的表現，讓他們知道有多少人完成學業，多少人進入職場，或是繼續深造。只有這樣的透明度，以及讓學子和他們的家庭掌握最完整的資訊，才構成重建平等的條件。

39 譯注：簽訂於一九六三年一月二十二日的《艾麗榭條約》（Traité de l'Élysée）亦稱德法友好條約，由當時的聯邦德國總理阿登納（Konrad Hermann Joseph Adenauer，1876-1967）和法國總統戴高樂在巴黎艾麗榭宮簽署。自十九世紀普法戰爭、第一次及第二次世界大戰以來，德法長年處於敵對狀態；此條約的簽訂推動兩國於二戰後的和解，德法兩國政府高層定期協商會談，也促進雙方青年數以百萬計的互訪交流，是德國與法國全面和解的象徵。

在我們的教育系統中，技職學校應該被視爲邁向成功的優勢。和技職學校最直接相關的，就是我們在指引方向上所下的功夫。要是他們的發展茁壯不如預期，原因在於國家教育系統對他們的低估、甚至抗拒；也是因爲我們的企業，對這種專業訓練的參與還太少。讓我們把事情簡化——**政府應該清楚為專業訓練的計畫和範疇定調，並將這些教育系統的管理授權給地方**。

最後是大學。我們的大學人才輩出，世界級的精英比比皆是。我們以諾貝爾獎自豪，在許多學科中也格外出色。全國各處的在地創新，更展現出前進的力量與渴望；身爲「在學」大學生的驕傲也同樣存在。藉由將燈光聚集到這些功績上，我們將能讓國內外的大學生和研究者領略法國大學的滋味。這對社會和諧以及我們的經濟而言，都非常重要。

然而，我們不能對大學這方面的挑戰掉以輕心。學生人數暴增，而且這樣的趨勢還會持續。從一九六〇年起，高等教育的教職員人數已經成長了七倍。國際競爭白熱化，而且只會越演越烈。從現在起，亞洲——從日本到中國，本身都已經是獨立自主的行動者了。今天，巴黎某所大學的競爭對象不是巴黎的另外一所大學，而是瑞士的洛桑聯邦理工學院，或是英國的倫敦政治經濟學院。現在托數位革命的福，我們在巴黎就可以用最低廉的價格，修習麻省理工學院的課程，不需要註冊，也不用是該校的學生。知識市場漸漸成爲脫韁野馬，尤其是其經濟模式，已經被完全顚覆。不管在製造業、金融業或保險業，都有幾百萬個工作正在轉型。然而，我們現在遭遇的高失業率，也正反映出我們對抓住這些新經濟機會的困難。只有在我們的大學順應潮流，並且進行教育升級的情況下，我們的經濟才能繼續於全球名列前茅。

在這種情境下，如果我們想要成功，就必須賦予大學更多的教學自主權與資金，用眞正的國家補助，去幫助最弱勢的學生；必須允許大學向最寬裕的學生收取較高的費用，給他們方法去吸引最優秀的教授。夜間與週末應該依學生需求開放圖書館，許多國家都已經這樣實行，特別是美國。爲古老的教條畫下終止符吧！深受其害的，就是我們的年輕人。而我們的責任只有一個——就是讓他們成功。

那要如何達成這個目標呢？當然是透過師資。

對我來說，問題不在於並不存在的「徵人危機」。教師的應徵者人數，從來沒有像現在這麼多過。癥結在於國家教育的運作，也就是教師的調動模式——因爲這是由行政體系及工會系統，以技術官僚的方式，來共同管理的。

調動的規定僵化又不透明，不管對所涉及的教師，還是對已經處在匱乏地區，例如塞納－聖德尼（Seine-Saint-Denis）的孩童來說，都已經造成無法忍受的情況：在那裡任教的老師太年輕，缺乏經驗，人數也不足。

法規的數量不斷膨脹，尤其是毫無效果的輪調。支援的後勤、試驗、評估，以及學科之間的互通有無都非常貧脊。一方面，教育部總無法克制把所有該做的事，都鉅細靡遺地告訴總人數超過一百萬的公務人員；但另一方面，我們只是提出「自主」這個詞而已，保守人士就嘶喊著共和國的平等將被撕裂。我們必須盡快理解一致性並不是平等的要素：一視同仁只能確保一小部分的弱勢者能夠自力更生而已。我們必須反其道而行，爲弱勢族群多付出一些。若一間位於教育優先區的小學，裡面百分之六十的高年級生都不識讀寫，人們怎麼可以認眞覺得他們有辦法和富人區的學生面對同樣的挑戰？難道我們對平等的熱忱，能夠成爲我們對這些學校的投資所使用的藉口？我確信我們應該給予前者更大量的資源及自主權，應該允許他們去嘗試未曾試過的：用更高的薪酬來吸引最好的師資，並增加他們的教學時數。爲了支持眞正的平等，我們必須將更多資源讓給最需要的人。

實際上，一切都取決於我們對於在地行動參與者的信任。他們是最適合研究、發展令人興奮的創新，並爲其尋求資金來源的行動者。我特別認爲「線上學習」這個新方式，能讓國小一年級無法閱讀的學童，在接著上二年級的時候，彌補他們落後的進度。本著同樣的邏輯，教育機構也必須善用其他自主權，並成爲國家教育系統重組的新模式。這種轉變將自然產生一個獨立且有力的機制，能夠根據明確的共同目標，評估所有的教育機構。這代表教師們能夠在當地引進並測試新方法，以提高學習成效爲唯一目的，將這些方法應用在學童身上。我贊成從二〇一七年的新學期開始時，就該釋出這些可觀的資金，讓希望團結起來實驗新解決方式的教師團隊得以運用。當然，他們將彙整其成果，但大家必須對他們寄予信心。而且，沒有什麼可以阻止他們提出打造革命性創新的教育機構，不管是小學、中學或大學。

若我們能夠重新找到我們對共和國承諾的最原始動機，並將教師的志業重新放回共和國的核心，這次的變革將會成功。我的個人經歷，讓我深刻體認到指引和傳授知識，究竟是多重要的挑戰。然而，有些國家和教師之間的約定被打破了；右派任由這道裂痕加深，左派卻不知如何修補。左派人士甚至認爲在某些情況下，他們可以利用這個機會，但法國人——特別是那些最弱勢的，都心知肚明。我們應該導正這樣的道德缺失。

若我們不提升老師們的士氣，就什麼事都無法達成。我指的是被指派到偏鄉，面對問題卻經驗不足的年輕教師；或是長年等待講師開缺，爲了升等成教授盼了幾十年的博士。

其他還有更多的問題，例如日漸繁重的行政工作、與家長間越來越惡化的關係、評估提高薪資的頻率不夠頻繁，以及迫使教師的工作量加重，收入卻沒有增加，甚至減少等。

我們必須勇於坦承，通常，教師會灰心的根本原因不在於社會，而是在教師界本身：無所不在的行政工作，複雜的共同管理系統，以及教育機構的運作方式——自主權和服從高層規定的界線已經越來越模糊。課表的更動沒有完結的一天；靠教育部的軟體來決定學生的命運，而不是根據教師的意見，即便他們更了解學生。

是的。由此可知，學校的改革是可能的，因爲我們會和他們攜手並進。

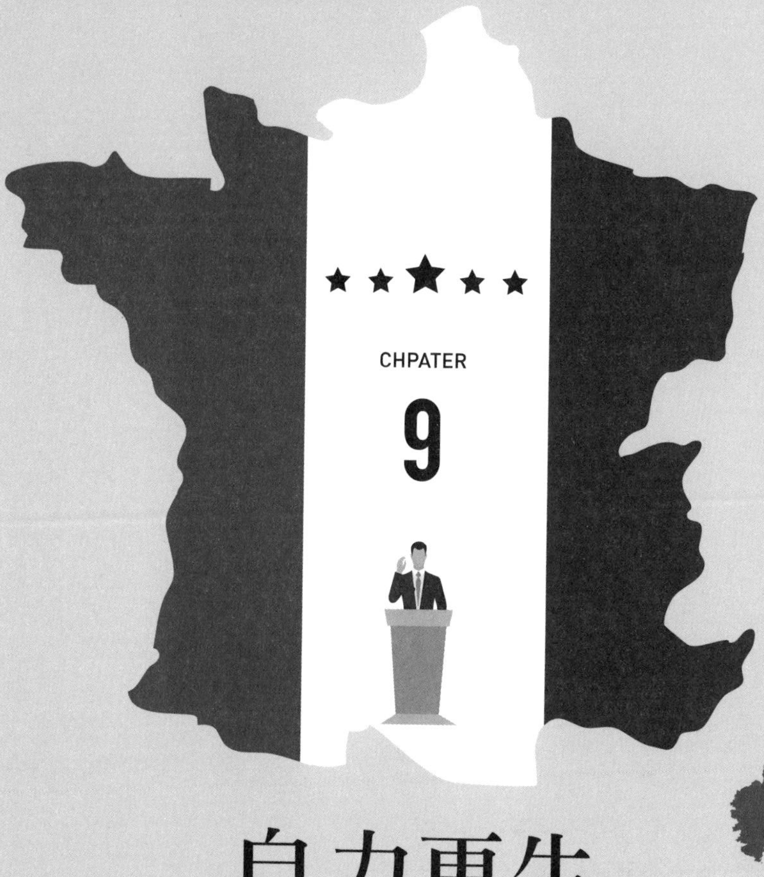

自力更生

我不認爲政治應該承諾幸福。法國人沒那麼容易上當：他們很清楚政治並非萬能，政治沒有辦法解決所有問題、決定或改善一切。與其把焦點放在追求幸福，我更深信政治應該打造一個環境，讓每個人都能在其中找到自己的路，成爲命運的主人，實踐個人自由，並能夠選擇各自的人生。政治必須承擔的，是賦予人們自由的承諾。但在每個人得以選擇各自的人生之前，必須得先能自力更生。

因爲，我們是藉由工作謀生存、教育子女、享受生活、學習，以及建立和別人的關係。能夠讓人脫離現況，並在社會中占有一席之地的，也是工作。因此，我並不相信所謂「工作已死」的論述。實際上，當政府把工作保留給最具生產力的民眾，並認定某部分人就是無法帶來任何經濟效益時，這對我來說是排山倒海的挫敗，無法達成共和國最眞摯的承諾——也就是讓每一個人自由。這就是爲什麼我深信我們仍應該將對抗失業列爲優先。看看我們夥伴們成功的先例，例如德國，正顯示著這不是一場穩輸不贏的戰役。解決方法的確存在，我們只是需要實踐的勇氣。

我不認爲單靠「全民工作」就能重新給予國家信心。舉英國或美國40爲例，他們雖然都已經達成目標，但也經歷到英國脫歐和川普掌握政局——這些正是當社會放棄平等時，開始陷入困境的徵兆。

我們必須讓每個人都有一份工作，每份工作都得有相稱的報酬與前景。今天，以這個承諾而言，我們的定位究竟在哪裡？

我們就業市場的每個層面都生病了。失業率長期居高不下——每十名勞動人口中就有一名失業，每四名年輕人中，有一人沒有工作；甚至在某些比較困難的地帶，每兩人就有一人失業。全國各地都因爲失業而鬧得天翻地覆，因而助長當地居民的絕望與憤怒，就此形成極端伊斯蘭主義發展的溫床，還有投票給國民陣線的選民。如此的恐懼正朝整個社會蔓延——從小，我們就爲選錯科系、工作和產業，或是任何有可能讓我們脫離正軌的事物而煩惱不已。而且，有工作也不見得等於有保障；除了有幸擁有穩定工作的正職雇員之外，還有幾百萬人只能被迫接受這種常態性的不穩定——有百分之七十的受雇者常受聘於同一家公司，但都是不到一個月的短期合約。也有些人是再也無法靠他

---

40 譯注：根據歐洲統計局（Eurostat）的數據，至二〇一八年結束爲止，英國與美國的失業率已降低至百分之四以下，法國失業率爲將近百分之九。

們的工作糊口，例如不計其數的農夫，以及無法全職工作的勞動者——大多數都是女性。

我們的國家需要法規，來讓每一個人都能自力更生。然而，現行法令是在第二次世界大戰末期制定的，已經無法應對當代的挑戰了。

這些法令比較偏袒**局內人**，也就是已經有工作，比別人擁有多一份保障的人；但這卻是以**局外人**——那些比較年輕、教育程度較差、也更弱勢的人——的犧牲爲代價。我們的社會模式因而變得偏頗又無效，助長了地位區隔，更癱瘓了能動性。

首先，我希望確保每個人，不管其學歷背景爲何，都能在就業市場找到自己的位置。今天，有兩百萬名年輕人沒有工作，也沒有任何職業證照或技能檢定；也有幾百萬名勞工沒有、或幾乎沒有任何文憑。我們應該讓這些人更容易有工作機會，同時也不忽視證照檢定的重要性。

因此，我們應該將所有專業培訓的實習制度系統化，爲其建立等同於高中畢業的同等學力認定，將資源集中在較入門階段的證照檢定，並多著重在各領域的專業分支次領域中，讓人們得以接受自己所選擇的專業訓練。

對許多產業而言，包含建築業，大部分的職業證照或技能檢定都是不可或缺的，我們必須坦承這些證照的重要性。但有時候，這卻會成爲較弱勢或教育程度不高的人民的阻礙，妨礙他們創業、自營。可是對有些人來說，找到客戶比找到雇主要容易得多。對巴黎郊區的斯坦（Stains）或里昂維勒班（Villeurbanne，Lyon）的居民而言，比起進行工作面試，創業與開發客戶還更簡單。如果搬出證照檢定的法規來禁止他們，就是強迫這些青壯年人口失業。

因爲這件事，我想起了在科瑪（Colmar）認識的米歇爾。米歇爾當時五十歲，在車體美容業工作了三十年；之後卻因爲沒有職業適任證書[41]，就再也找不到工作，他年紀已經太大。此外，政府還不允許他創業！難道他是財富充足、時間充裕到能重新考取職業適任證書的人嗎？結果，他到現在已經失業了很長一段時間。

對年輕人，特別是資歷與能力相對平凡的來說，最大的阻礙就是人事成本。我不認

41 譯注：職業適任證書（CAP，Certificat d'aptitude professionnelle）爲法國就讀職業高級中學的學生，修習二年專業教育課程後考取之證照。課程爲各行業明確的單一專業而設計，是法國最基礎的職業證照。

爲規定年輕人的基本工資是能夠有效解決這個問題的方式，因爲這必須透過理性來處理。正因如此，我們才必須支持實習制度；雖然實習生薪水較低，但他得到的是培養專業技能的訓練，得以接著融入就業市場。因此，我希望能夠讓實習制度更有彈性，放寬管制，且能讓各專業領域的職場工作，能擁有更多規劃培訓內容的決定權。

除了剛才已經提到的薪資之外，勞資關係終止的成本也是問題。今天，勞資爭議調解委員會的程序曠日費時，繁雜且不透明。有本錢等待、也擁有一大群法務人員來理清這個錯綜複雜系統的大企業，並不會身受其害。眞正付出代價的，是幾乎沒有受過訓練的失業勞工。他們得等幾個月、有時甚至必須等上幾年，才等得到調解結果，獲得屬於他的補償金和利息。同樣受害的還有小本生意的老闆，他可能只有一兩名員工，但在等待仲裁期間，卻不敢再聘更多人。我過去一直努力推動勞資爭議調解委員會的改革，就是出於這個原因；未來，我也將持續下去。這也是我將因爲這些情況而給付的補償金和利息，設置上下限的緣由。

同時，我們也必須保障勞動人口的生活品質。這不僅僅是購買力的問題而已，重點在於尊嚴與尊重。我們怎麼能接受爲數眾多的務農者現在的生活情況？怎麼能接受這麼多勞工覺得自己在窮忙？我認爲政府高層的承諾——毫無控管、不分產業地提高薪資——有害而無益，這是在懲罰我們的企業，連帶影響勞工，最終助長失業率的上升。

爲了提升購買力，我們需要迎戰一場關鍵的戰役。實際上，社會保障的受益者明明是普羅大眾，其資金來源卻主要仰賴工作收入，這件事的確不合理。當企業抱怨「人事成本」太高時，許多民眾卻爲此詫異，感覺自己得到的報酬與付出的努力相比之下少得可憐；其中一個原因就在這裡。

因此，我建議調降雇員的薪資提撥金額（cotisations salariales），以及個人工作者必須繳納的社會分攤金。如此一來，淨薪資就會顯著增加，也不會加重人事成本，更不會破壞我們的競爭力或就業率。這項政策的預算編制，將以讓勞工成爲其最大受益者的方式執行。

而對於最弱勢的族群來說，社會補助也需要改革。如果他們重新找到工作，發放補助的速度就應該減慢，因爲我們的目標應該是鼓勵他們重返就業市場，並且援助最匱乏的勞工的收入，但我們現在卻正是反其道而行。

爲了讓每個人都能自力更生，同時也讓經濟活動參與者得以應對轉變，我們立法。但立法者無法預知一切。我們怎麼能夠認爲我們可以用同一種方法，來管理農業、奢侈品業、手工業及傳播業呢？可是面對勞工問題，我們還是繼續用法律來管理一切。

無論在哪個層面，比起以往，現在都是我們最需要敏捷的思維與彈性的時候——因爲這是我們重新組織勞工法的關鍵時刻。

爲了在一切講求速度與創新的知識經濟領域中成功，企業必須能夠隨時應變。如果企業主害怕自己辦不到，他們就不會再招募新血——或是聘雇的人數不足。我們應該開放更多協商或對話的可能性，以依據不同的經濟情勢及產業必要條件，盡可能給勞工最好的社會公約。

然而，在法國有太多食古不化的相關規範是統一由法律制定的，也因此對所有類型的產業及領域來說，都是以偏概全。這一點意義也沒有。

例如，在實施每週工時三十五小時的制度後，我們已經觀察到其結果了。難道那些堅稱工作時數應該從三十五小時改回三十九小時的人，將告訴所有法國人每星期都得多工作四個小時，但薪水不會因此提高嗎？這也是毫無邏輯可言。對某些企業來說，三十五小時的工時很適合他們。但對其他企業又是另外一回事了：他們會需要社會夥伴[42]來共同決定，例如在趕工完成訂單時，需不需要加班；或是反之在非常時期減少工時，來避免裁員。

在法律允許的情況下，尤其是汽車產業或造船業，稍微長一點的工時，可以挽救不計其數的工作機會。然而，出於意識形態反對新制度，並阻斷以全國層級溝通的該行業工會，卻同意企業內部各自協調。身為經濟財政部的部長，我前往聖納澤爾，簽署一艘大型郵輪的建造訂單；但這家公司在十八個月前就差點倒閉。由於管理階層和員工的共同智慧，達成長期無薪假的協議，公司才能夠存活下來。多虧這個決定，再加上官方持股的支持，該公司得以起死回生，當第一批訂單回來的時候，很快就能重新出發。現在，這間公司的訂單已經前所未見地排到超過十年後了。這就是沒有宿命論這回事的證明！

42譯注：「社會夥伴」的概念起源自工業革命後的歐洲；原是為了因應工業革命後的失序現象而提出。《歐盟運作條約》第一百五十二條明文規定其為維持互惠關係的團體，目的是為了達成共同目標、特別是所有相關團體的利益。社會夥伴的例子包括員工、雇主、工會或政府等等。

同樣地，這種必須考量工程浩大程度的改革，即使在本質上是有益的，也不能都以放諸四海皆準的模式套用。對一個大型汽車集團來說，改革不會導致什麼問題，對員工而言，也代表著眞正的進步。但對一間很小的建築公司或麵包店，卻幾乎不可能實行；這只會把業主的生活複雜化，也對他們的聘雇能力有重大的影響。

因此，我們必須放棄這種無論在何種情況下，法律都應該先行全盤規劃的想法。

我贊成對勞工法規的構成進行大幅改革，在任何需要商榷的議題與法律相抵觸的情況下，能夠針對產業協定及公司規定進行協商後，採用達成共識的多數決定。

勞工法應該定義的，是我們不能讓步的重大準則，如性別平等、工作時數，與基本工資等等。至於如何界定適切平衡與設立實用保障的責任，則應該歸屬於各產業，及較其更低一層級的企業去談判協商。如此一來，我們才能以條理分明的方式簡化問題，也更爲接近實際情況；同時，我們也必須對各方利益關係人抱持信心。今天，我們都知道民眾能夠用選票，有效表達對所有議題的意見——那麼，爲什麼我們會認爲他們沒有能力，爲攸關自己日常的事務發聲呢？

我從不認爲靠著單方面削減所有勞工的權益，就能打造未來的榮景。但我更不認爲墨守我們這些死板、有時甚至完全不適用的法律，會在全球化中成功。

當然，我也意識到這種方式可能引發的恐慌。法國的系統和德國或北歐不同，我們不甚熟悉這種討論、協商與和解的取徑。我們的工會有時候太過弱勢，有時候又太不具代表性。然而，社會對話並不是一種奢侈，而是我所提議的方式的核心。我指的不是這幾年的全國性社會對談，而是以各產業與企業層級爲主體的實際對話；我們也必須從中獲得這樣的結論——賦予工會協商的手段，並且強化他們的正當性。因此，爲了支持這樣的變革，我們將建立一個清楚的補助機制，透過此機制，勞工可以將取自企業的大量資源，轉移到他們所選擇的工會。

最後，若我們希望每個人都能在創新經濟中自力更生，民眾就應該接受培訓，活到老學到老。

有些公司、甚至是整個產業，正以前所未見的速度崩毀，但這不該等於其中的雇員就應該失去工作，或是變得不穩定。因爲於此同時，總是有新的專業、新的機會和新的職缺不停地開放，不管個人的職業生涯如何，我們都應該讓每個人能夠利用這些機會。我們已經不可能在二十歲時，就能夠預知自己五十歲會從事什麼工作了。爲了讓人們可以藉由工作得到自由，我們必須進行繼續教育的革新。我們再也不能只仰賴二十歲時所受的那一次教育過一輩子，這種方式已經過時。

在這個變動才是常態的世界，科技轉變讓勞動市場的某些職位不斷推陳出新，我們因而無法承諾「就業安全」。我們不能保證所有職位永遠都是有利可圖且具生產力的，因爲從來就不是這麼一回事。會這樣宣稱的人，就是把現在這個樣貌的社會留給我們的僞君子。

然而，有兩件事情是我們可以保證的——人們能夠自由更換工作，以及面臨失業時，他們會得到保障。就是在這個轉變的時刻，我們才更應該團結，度過難關。

現在只在同一間公司、或是同一個產業度過整個職業生涯的雇員日漸減少，因此我們在這輩子裡，會越來越需要花更多的時間，來重新獲取新的證照或檢定。

但我們的繼續教育卻不是爲此設計的。法國在職業訓練上的花費每年超過三百億歐元。然而，這裡的情形也一模一樣，最弱勢的族群反而最難接受培訓。我們的系統過於複雜，民眾爲了獲得培訓補助，可能一下得向社福機構、一下是區政府、一下子又得找地區服務就業中心（Pôle Emploi）申請。整個程序可能耗時一年，很多人在中途就放棄了，品質還通常不如預期；這個系統主要是爲那些有穩定工作，且已經受過良好職業訓練的人所設計的。

我們在這個領域也必須發起眞正的變革。方法在於配合所有受訓者的意願與動機，對他們的能力進行評估與分類，接著據以提供他們個人化的支持，也需確認他們實踐認眞和勤勉的義務。接著，我們必須提供一系列多樣化的選擇——從以掌握一種不可或缺的技術爲目的，只需幾個星期的短期培訓，到耗時一兩年的長期培訓，例如在大學的訓練，讓他們能夠確實地重新選擇職業。爲此，系統必須更加透明；針對重返職場的勞工和其薪資的進展空間，也必須有一個眞正的評估機制及公開結果。最重要的，是所有勞動人口都得以享有這些培訓的資源，並可以不透過中介，直接向補助培訓的單位申請。

這種培訓也應該開放給缺乏願景或爲勞動條件低落所苦的在職勞工。這就是爲什麼我們應該開放失業保險給自願離職者，支持他們接受培訓，重新獲取新的證照或檢定。就這方面而言，失業保險制度的本質將會改變；嚴格來說這已經不再是保險，而是一種在轉職及培訓期間，接受公共補助的可能性：爲個人的職業流動，建立人人平等的權利。

失業保險的範圍也應該囊括自由工作者、商家及手工業者，尤其在這種全新的服務經濟時代，受薪勞動者與自由工作者之間的界線變得模糊不清。這些工作者在重返職場時，通常承受著較高的風險；同時，他們也是系統最疏於保護的一群人。我們必須抵制這種苛刻的謬論。

從另一方面來說，我非常反對許多政府官員提出的逐漸降低失業補助，也就是在現行制度下，刪減部分金額或補助的月數。如此一來，他們暗示著轉職並不是什麼問題，視職業流動爲理所當然，而且失業者會沒有工作，癥結或多或少都在自己身上。我反而認爲鉅額的公共投資是必須的——但這投資必須用於培訓和證照檢定上，所有利益關係人也都必須負責監督接受補助者的工作態度，以及進行對專業培訓的評估。

然而，這場變革的意義不在於強化國家控制。國家應該補助，也應該確保制度順利運作；不過，至少關於失業保障的部分已經在進行中，即便政府還沒有實際下什麼重要的決定。但國家也應該盡量授權，將能力評估委託給私人服務單位，如同已經開始進行的，將培訓委任給地方政府、各個專業領域、大專院校及各級學校，還有職業訓練中心，而國家將負責評估效果。相對地，我們必須加強對求職培訓的監督及要求，以確保資金的有效運用。我要的是一個強制權利與義務對等的系統。這個公式很簡單：失業一段時間後，不接受培訓的人就無法領取補助。培訓結束後，得到合理的工作機會卻不接受的人，也不得繼續領取補助。這是唯一能確保預算的花費公正並有效的方式，對我們經費的節流是強大的助力。

但要選擇自己的生活，光是「自力更生」是不夠的。這樣的承諾孤掌難鳴。這必須仰賴社會福利系統的徹底變革，而這項變革源自一個很單純的想法：**為弱勢族群多付出一些**。

CHPATER

10

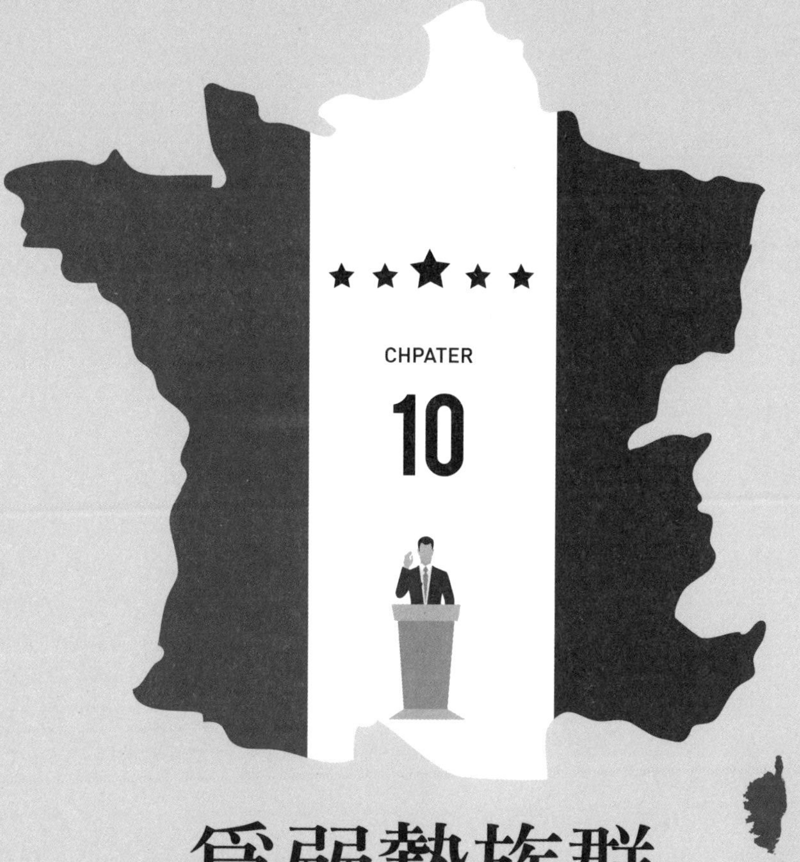

爲弱勢族群多付出一些

在一切都日新月異的世界中，法國人應該要多一點冒險犯難的精神來發明、創新，這就是培訓制度最重大的意義。然而，這個進行中的轉變也激發了新的不平等。一方面，部分國人享受著法國的全球化，接受優良的教育，擁有可觀的經濟與文化資本。但另一方面，也有最弱勢的市井小民，他們的命運和經濟情勢緊密相連；過度競爭、科技革新、工作不穩定或失業、健康問題，也無法享受公共服務的頭號受害者，就是他們。

某些社會不公的差異，清楚闡明了為何法國還是下意識地心繫平等。這樣的心神嚮往讓我們在西歐社會中與眾不同，尤其是盎格魯撒克遜（Anglo-Saxon）的世界。我們不願為了追求經濟發展而犧牲全部，或是把一切交到個人主義的祭壇上。我們尋找的是一種特殊的自由——**由團結一致支撐著的自主性**。

我對充滿選擇的社會滿懷信心，一個從所有規範的阻礙和陳腐的框架解放的社會；在這個社會裡，人人都可以決定自己的人生。但如果不團結，這個社會就會崩解、排外，充滿暴力——那麼，決定自己人生的自由，將只會保留給那些強者，而不是比較弱勢的人。

因此，我們必須設想新的福利措施和保障方式。總之，就是一個能夠回應新興不平等的解答。

對我來說，這個解答出自一個簡單的觀察：權利、近用權、法規和補助……等等的統一，已經不再代表平等了。事實正好相反。重點已經不再是一視同仁地對待所有人，而是根據每個人的需求量身訂製。這並不是團結一致的休止符，卻反而重新賦予其生命。當人民的經歷與背景越來越包羅萬象，我們就更必須從統一的取徑脫離；如果我們辦不到，公共干預就會重新介入，甚至強化國家本來應該消弭的不平等。

首先，國家的角色必須有重大的改變。國家應該成爲眞正的「社會投資者」，在面對每個個人時，不只看到他們是誰；而是看見他們的潛力，能爲社會帶來什麼。

國家不應該只設置一個安全網就覺得知足——這只是最低標而已；而是應該讓每個人，無論是誰，都能夠充分發揮自己的天分與身爲人類的特質。對最弱勢的一群來說確實如此，我們不只應該展現我們在財務上的團結一致，也必須確保他們在社會中能有立足之地。對種族或宗教歧視的受害者而言也相同，單單宣告他們的權利是不夠的，而是必須爲他們的現實生活，堅持不懈地奮鬥。

接著，我們必須採用另一種方式。國家必須優先注重防患於未然，原因在於這樣造成的成本較低，也更有效率。在健康醫療領域尤其顯而易見，因爲積極預防勝於治療。最後，是權利的普及化，尤其是失業及退休相關的權利，以避免某些特定的社會保障制度，反而造成阻礙或不公。

在有些人完全沒有任何社會保障時，有些特別補助卻仍然存在，這令人無法接受。每一個人都應該享有相同的權利。

我們有近九百萬名國民生活在貧窮門檻以下，扣掉日常開支之後，每天只剩不到十歐元可以過日子，對他們來說，悲慘的生活不是可能，而是現實。許多對這樣的不穩定惡性循環感到恐懼的法國人，每天都因此煩惱。

在這個問題上，政治人物分別抱持著兩種論述，長久以來壁壘分明。第一種看法是某些右派人士的觀念，認爲大部分受益於最低所得保障（minima sociaux）的，都是伸手要錢，不事生產的人——這因而讓眞正的窮人生活更加困難，也讓輿論引發他們的罪惡感。但某些左派分子所持的第二種看法，認爲政府只需要灑一點救助金就能解決問題，卻完全不關心領取補助的人是誰。這兩種觀點我都反對，因爲這些將再次在法國社會的核心造成對立。

同時瀰漫在左派與右派內部的，還有另外一種誘惑，也就是「全民基本收入」（revenu universel），指的是發放足以確保個人基本生計的金額給所有人，無關收入，也沒有任何條件。我很清楚這個概念或許很吸引人，但我不贊同。首先是財政因素。我們只有兩個選擇：一邊是有限的全民基本收入，幾乎無法回應赤貧階層的問題，甚至使最弱勢族群的情況更加惡化；另一邊則是金額較高的全民基本收入，但這只可能以讓中產階級承擔龐大的稅賦壓力，作爲代價。然而，還有一個更根本的原因。我相信工作是一種價值，是獲得自由解放的要素，是社會能動性的媒介。我不認爲有些人的本質和志向，就是在社會邊緣求生存，完全沒有其他抱負，只滿足於使用政府給予的微薄津貼。

坦白說，我認爲我們應該團結起來，給予最弱勢的人協助和尊重；這是我們應該爲他們做的。

首先，團結心驅使我們，必須讓最貧窮的人，能夠使用他們應得的協助。在能夠受益於社會參與最低所得[43]制度的人之中，有三分之一沒有用上這個權利。爲什麼？因爲有些人對此一無所知，另一些人則是主動放棄申請。

而我們對他人表示尊重的義務，代表我們必須確實了解他們的特質，只要有一點可能性，就必須幫助他們在社會中找到工作，但著手的角度得因人而異。

首先，我們不能縱容詐領補助——雖然絕大多數人並非如此，但這種人確實存在。原因在於，除了整個社會得承擔因此產生的財務成本之外，詐領補助者還會削弱讓彼此同心協力的團結心，加重社會對他們的指控，也讓全體合法領取補助的人遭受懷疑。以金額來說要比社會福利詐欺嚴重得多的稅務詐欺，兩者都會削弱許多民眾對公共行政的信任感。正因如此，我們才必須採取大刀闊斧的行動。

接著，對於能夠逐漸重返勞動市場的人，我們必須提供嚴謹且個人化的支持。此處也和其他領域相同，我認爲對社會互助經濟44具備熟練通達能力的各個企業，是在全國各地進行社會創新的先鋒部隊，以我而言，這份能力不可或缺，並且更值得受到發揚。同樣地，就如同我之前已經提過的，大規模的繼續教育與證照檢定計畫，應該徹底根除過去這二十幾年來，所施行的無效措施。

最後，我們必須承認、也必須理解，有些人已經被勞動市場孤立很長一段時間，對他們來說，要再找到工作並不容易。其中一部分人有身心障礙、對某些事無行爲能力，或是經歷極度坎坷的生命歷程。然而，他們不應該被排除在外。我們有義務盡可能提供能讓他們有成就感，又有益於社會的工作，使其得以重新融入社會，在社會上找到立足之地以及自己的尊嚴。有太長的時間以來，我們都認爲只要給這些無法再自食其力的人金錢，就可以解決一切問題——但我們虧欠他們的不只如此。

此外，和爲貧窮所苦的人民，一起規劃對抗貧窮的政策，正是尊重的表現，也能確保這些政策的效率。

爲弱勢族群多付出一些，也表現在無法容許歧視存在的態度上，不管是因爲性別、

43 譯注：法國政府爲促進無業人士重回就業市場，於二〇〇五年提出社會參與最低所得（revenu de solidarité active）制度。無任何收入者若能夠提出符合補助資格的證明，即可獲得最低程度的補助，此後逐漸取代其他針對低收入社群的補助措施。

44 譯注：社會互助經濟（économie sociale et solidaire，ESS）是十九世紀工業革命期間誕生的「社會經濟」，與一九八〇年代興起的「互助經濟」的綜合體，是主流經濟模式以外的小規模替代性經濟模式之泛稱，包括各種類型的生產或消費合作社、公平貿易運動、另類貨幣、社區支持型農業、循環經濟、共享經濟、發展性社會工作等等。社會互助經濟結合了傳統社會共生，共享價值觀與現代經濟活動，超越經濟理性和市場邏輯，旨在實現個人發展與社會繁榮的和諧共存。

種族、性取向、所抱持的意見、身心障礙，或是健康狀況等，都令人無法接受，因爲對別人的歧視，就等於對自身存在的攻擊。況且，每一種歧視都會讓我們的經濟與社會付出可觀的代價。

每一天，第一種歧視直接影響到的就是法國的一半人口——女性。現今在法國，人們的日常生活會根據性別不同而有顯著的差距，就業市場就是個顯而易見的例子。女性通常受限於較短的工作時數，在短期約聘的受雇者中，女性就占了百分之七十八；薪酬的落差也很大，同性質的職位與相同的工時，女性的收入比男性少了百分之十。她們也較少擔任管理職，巴黎券商公會指數[45]的四十家公司中，只有三名負責人或董事長是女性（當然，其他三十七家公司都是由男性掌管）。她們也較少創業：只有百分之三十的新創公司是由女性設立的。更糟糕的是，她們每天都必須承受男性無法體會的不安全感，原因是日常生活的一千零一種狀況——在搭乘交通工具時、工作時、在路邊，都是讓她們暴露在一種無法忍受的隱性騷擾中。二〇一六年夏天，共和前進黨的義工在「前進！」遊行時，籌辦了一次民調訪問。我們訪問了許多女性，很多人都談論到這個議題。

第二種歧視因素是種族。長久以來，我們都相信單靠反種族歧視主義，就足夠對抗這種不公不義——欺壓所有生下來就膚色不對、宗教不對、地點不對的人。這種反歧視的動員在一九八〇年代蔚爲風氣，對傾向只以社會階級來思考不平等的法國社會來說，成了一種重要的意識覺醒。但這種方式也有其限制，此帶有過度的訓斥色彩，也不足以阻擋不同社群間越來越緊張的局勢。最重要的是，那些因此感到格格不入的種族或宗教弱勢者，他們的日常生活幾乎沒有改善。光是控訴不公不義是不夠的，我們必須行動。

光明正大的種族主義讓人無法接受——但歧視是更難察覺的，也可能更具破壞力。人們可以群起反抗侮辱和嘲諷，但面對從來收不到回覆的求職信，或是當所有人都升職，只有被歧視者得不到升遷時，他們又能怎麼辦？他們會覺得束手無策、無能爲力，但什麼都做不了。最近的調查顯示，一個看起來像是穆斯林的求職者，得到的回應只有

45譯注：法國巴黎券商公會指數（CAC40），是法國巴黎證券交易所市值前四十大企業的股票報價指數，爲法國首要之股價指數，與德國DAX指數並列爲歐洲兩大指標股價指數。其原文中的「CAC」爲「Cotation Assistée en Continu」的簡寫，意爲「連續輔助報價」，是指巴黎證券交易所在一九八〇至一九九〇年代間所採用的電子交易系統。

看起來像天主教的求職者的四分之一。政府應該強化抽查，並使其系統化。行使不當行爲的雇主就會因此知道，他們將被查緝與懲罰。國家應該傾全力解決這些問題。我相信當每個人、特別是未曾因任何歧視而苦的人都覺得事不關己的時候，我們就不會有任何進步。

這裡列舉的針對女性、特定種族、宗教少數，或身心障礙者的歧視，並無法完整闡述歧視型態的多元；法律明文列出的就超過二十種。面對當中的每一種歧視，我們都必須致力於改善作爲武器的法律，並且確實執行法規，法律在這方面有其作用。舉例而言，當中規定法國巴黎劵商公會必須在監督管理委員會中，增加女性的比例：從二〇〇九到二〇一五年間，她們的人數增加了兩倍。

然而，說到歧視，只靠法律規範是不夠的。同樣地，我們也必須發展積極的政策，來根除這些歧視。我希望「實驗測試」（testing）這種措施能夠系統化。有些方式非常有效，例如寄出上百份除了性別、種族和宗教信仰之外，其餘部分都一模一樣的履歷，檢視其中某些履歷收到的回覆是否比較少。

爲弱勢族群多付出一些，藉此保護最弱勢的民眾，也等於在預防疾病，因爲在健康醫療上的不平等也非常嚴重。

我們經常自誇擁有全世界最好的醫療系統。然而，實際情況卻有點微妙的差異。即使我們也有全球最優秀的研究者、醫院以及醫療專家，法國人的健康狀況卻不如人們以爲的好，更糟的是，不平等的問題更爲嚴重。

人們常沒意識到，對於所有預防爲重的疾病，例如癌症、肝硬化……等，法國的治癒率都差強人意，而這些疾病最直接的受害者就是弱勢階層。這樣的案例不勝枚舉，這裡只舉兩個例子：農家子弟蛀牙的機率，比管理階層的小孩高百分之五十；工人小孩的過重情形，比經理級的小孩要高三倍。

面對這樣的情況，我不認爲製造醫院和所謂「社區診所」的對立，能夠解決問題。相反地，我們應該盡可能促成雙方的互補和合作。我不認爲對於健康醫療領域，我們能夠只以預算的龐大程度，或是否造成社會保險赤字的角度去思考。到底應不應該把診療費提高兩到三歐元呢？——爭論點並不在這裡。

我們再次和眞正的問題擦身而過。

問題的根本在別處。我們必須找到其他讓預防成爲健康政策的主軸，以及如何能在遲暮之年仍得以維持尊嚴，並盡可能保有自主能力的道路與方法。法國每年有七萬三千人因吸菸而死亡，還有五萬人死於濫用酒精——我們的課題，也在於如何避免。

在這裡，我們也需要變革——就從優先注重疾病的預防開始。這表示我們應該讓醫師脫離行政瑣事，並爲此開設新職位，讓他們能把這些事交付給別人。我們也應該讓我們的經濟模式現代化。病人每次看診時所付的診療費，已經不能作爲家醫科醫師唯一的收入來源了。對於最可能受影響的民眾，例如年紀非常小、或年事已高的病人，我們會將爲他們與醫師簽訂合約的新可能性納入考量，甚至特別爲其協商診療費用；並讓醫師保留接受與否的自由。

接著，在醫療花費上，我將維持高度的一貫性。我們理應以聰明的方式前進，而不是每年做些細微的調整，只爲了不超出預算。目前的醫療照護系統是依照年度來編排預算，因此我們現在是以每年爲單位來思考變革，但其實這樣並不適當；我們應該以幾年的長期眼光來看。這是我們能夠從根源開始改革，並持續改變現行系統的唯一方法。

有了這樣的基礎，我們才能著手亟需進行的公立醫院改革。許多年來，公立醫院面臨著缺乏資源、效率以及判斷力的危機，我們不能再視而不見。

我們應該消除實作單位和行政組織之間的隔閡。健康系統的革新不能只靠國家來管理。這裡也是如此，我認爲應該賦予醫療單位——特別是區域性醫療單位——更高的自主權，因爲他們最了解當地需求和居民特性。這正是我在夏慕尼（Chamonix）看到的情況，他們打造了一家醫療中心，讓醫生更有效率地一起工作，也能夠投入在內部建設和創新上，例如遠距醫療。又或是位在薩朗什（Sallanches）的醫院與一些私人診所建立合作關係，讓已經變得供不應求的醫療機構足以繼續營運，也讓病人可以盡快出院，降低花費，提升他們的醫療照護品質。這些改變將會由地方發起，而不是根據主管機關的命令。

最後，在面對失業和退休時，法國人並不平等。

我們的退休制度和失業保障都是象徵性的，兩者都是爲了一輩子只在同一間公司工作的雇員——而且是男性——的世界，所建構的系統。他會先預繳一筆錢作爲將來的退休金和健康保險，不太害怕失業，不用煩惱轉行，也根本不了解沒有穩定工作的恐懼與外面世界的競爭。

當然，過去幾十年間，我們的系統經過多次調整：光從二〇〇三年至今，我們的退休制度就已經修改了四次。然而，這樣的系統還是最優先照顧以長期合約聘用的正式員工，也就是從剛踏入職場就一路在大企業待到退休的健康雇員；但這種人卻越來越少。

我們無法再繼續接受這種東拼西湊的情況，或是針對某些論據進行無止境的討論；但這讓我們意識到，現行系統是根據雇員在各自公司的狀況所構成的，其預算主要來自勞動工作；然而，三十幾年來，高失業率一直是我們社會的重大問題，此系統已經無法滿足社會的需求了。議題重點不在於將退休年齡提高到六十五歲或維持六十二歲[46]，或季度發放的金額究竟應該訂在多少；當然，考慮到人口學的轉變、世代間的公平性及退休系統的財務體質，這些問題的確必須解決；但重點不在於試圖劃清受雇者和個人工作者之間的界線，來決定哪些人需要提撥薪資來分攤失業保障金，哪些人不用。我們真正該問的是更根本的問題。我們應該採取什麼有所成效的行動，來確定沒有人被排除在外？在今非昔比的社會中，要怎麼保證每一個人都能找到自己的立足之地？

既然勞動世界已經被區隔成不計其數的層級、工作和勞動契約，個人的職業生涯也不像以前那麼線性，我們的社會系統就再也無法導正、甚至更加強化了不平等的現象。

舉例而言，若一個人最初在公部門、接著到私人企業工作，其後又成爲個人工作者，不停轉換於不同的退休金保險機構和制度之間，我們如何讓他清楚他有權請求的退休金有多少？我們要怎麼向一輩子都在工作的務農者解釋，他只能從農業社會醫療附加保險（mutuelle sociale agricole）領到微薄的退休金，而且每天幫忙他工作的妻子還什麼都領不到？大家都很清楚，如果轉職了好幾次，那麼估算退休金的金額將是場惡夢——而且，明明是相同的職業，卻因爲每個人工作契約的不同，而在金額上有顯著不公平的差異。以社會能動性而言，我們能夠給予怎樣的期待，給那些享受不到大企業所提供的前景的短期合約工作者？

因此，重新打造基礎的原則很明白，我們的社會保障應該以普遍化、透明及平等的角度，以個人爲中心，依據個人的情況來重新打造。我們應該保障的是每一個人，不管他們在當下那一刻是什麼狀態；而不是只保障工作者，內容也不應只依照他們的工作契

46譯注：法國現行法定退休年齡最低爲六十二歲，最高爲七十歲；雇主可主動要求超過七十歲的員工退休。

約與領域來決定。而且社會保障應該以平等的方式來進行，就如同現在正實行的健康保險。

我已經說明鼓勵及保障專業轉職的必要性，在這裡，我想要強調隨之而來的社會保障新藍圖。

爲了鼓勵轉職，我們的退休系統應變得更淺顯易懂。若一個人很難了解自己的退休金計算方式，或是該計算方式依個人工作契約的不同而有所差異，都是不正常的。各種不同的制度，應該在幾年內重新調配整合，逐漸建構成一個放諸四海皆準的退休系統。長遠來看，退休系統不該因爲其對象的身分是勞工、受薪階級、個人工作者或公務人員而有所區別，而應該依據實際工作的內容與年資。就是在這樣的基礎上，我們必須去評估實際繳交攤提金額的年資，而不是完全以同一標準進行。這樣對所有人而言都會比較清楚，同時也比較公平。

今天，面對一個像失業這樣廣泛的風險，我們的系統卻仍建立於一個狹隘的保險機制上，這也不合邏輯——因爲目前獲得保障的，只有受薪階級。我已經提過，讓所有人都得以融入，並且徹底地對此系統進行變革，是不可或缺的。因此，我們需要的正是一個以團結爲基礎的系統，每個人都應該貢獻，也都能受益。此系統涵蓋的不只是受薪階級、被解雇或是辭職的員工，也包括個人工作者。相同地，其預算來源不再仰賴社會保險的提撥金額，而是稅金；補助金也不再是比照保險的邏輯來進行，而是接近年金[47]的概念。現在，我們的失業救濟金上限爲近七千歐元，比歐盟平均高出三倍；待新系統實施，救濟金的上限將會調降，以管理而言也成效立見[48]。

既然新系統涵蓋的不只是特定領域的勞工，且以社會福利的預算而言，來自社會分攤金的比例將會減少、而來自稅收的比例會越來越高，那麼國家就應該重新扛起早就下放給社福機構的策略性決策權力。到目前爲止，都是這些同時代表雇主與勞工的組織，爲失業救濟金發放的條件達成協議——例如金額、時間，以及接受補助者應盡的相關義

47 譯注：法國年金（la solidarité）的概念近似於規定特定公家機關的公務人員，提撥部分收入金額，以作爲社會上其他民眾的救濟金或物質保障之社會福利所用。

48 譯注：失業救濟金的改革將立即見效的原因，在於政府將取代社會福利等中介組織，直接負責補助的系統；這將在財務上造成顯著轉變。目前救濟金的上限，是依失業者上一份薪水的金額按比例發放的；新系統對高薪失業者的高額補助將顯著降低，因而能夠爲更多民眾提供保障。

務等等；但爲舉債的失業救濟金作保的，卻是政府。然而實際上，政府對這一切組織運作的方式並無法置喙。這就是我爲何認爲，政府應該重新擔負起失業救濟金決策的責任。政府不能再默默爲一個沒有出路的系統作保，也不能再退居於評論這些折衷方案的角色，因爲根本不會有妥協的一天！

總而言之，我相信在與社會協商、企業內部規範、對行動者的支持等相關方面，國家應該賦予社會夥伴們更多發揮空間，但減少他們在系統管理上的參與。這將是場硬仗，因爲他將惹惱那些已經在系統中自得其樂的人，但也能釋放現在所有正遭受阻礙的人。因此我們沒有什麼好猶豫的，這將是必須處理的最重要議題之一。

這麼做也不是要專斷獨行。原則上，我們沒有理由停止社會夥伴對政府活動的參與，只是必須調整目前的平衡。舉疾病救助爲例，政府與社會夥伴在管理上的立場就很均衡，盡如人意。

在未來的幾年、幾十年裡，相互依賴會變得越來越重要。首先，因爲普遍來說，法國的人口不停地老化：到二〇五〇年，每三名法國人裡，就會有一名超過六十歲；然而在僅僅十年前，每五名法國人中才有一位；其次是由於第一批在戰後嬰兒潮出生的人，到二〇二五年就八十歲了。預期平均壽命的延長是令人振奮的消息，但爲了讓這項進步確實地朝正向發展，「眞正重要的不在於延長生命年限：而是要把增加的那些年活得精采。」也就是說，我們必須讓老年人能夠好好生活，繼續和其他人維持關係，當他們希望的時候可以全心投入，交通上也能夠隨心所欲地暢行無阻，讓他們盡可能保有自己的獨立性，並強化其對社會的貢獻。因此，關鍵在於讓長者能夠健健康康、自主自立地活得長壽。

我們光在這個目標上達成共識是不夠的，而是必須檢討我們的社會團結系統，來面對這個到了二〇五〇年，可能導致退休金成爲鉅額支出的狀況。這個問題牽涉到整體社會，當然也事關年長者，以及成千上萬的家庭，和數不清的負責老年人日常生活的照護者。這樣的新情況，毫無疑問將會影響到我們所有人，這無關退休或健康醫療；關鍵在於我們必須正確地解決問題。

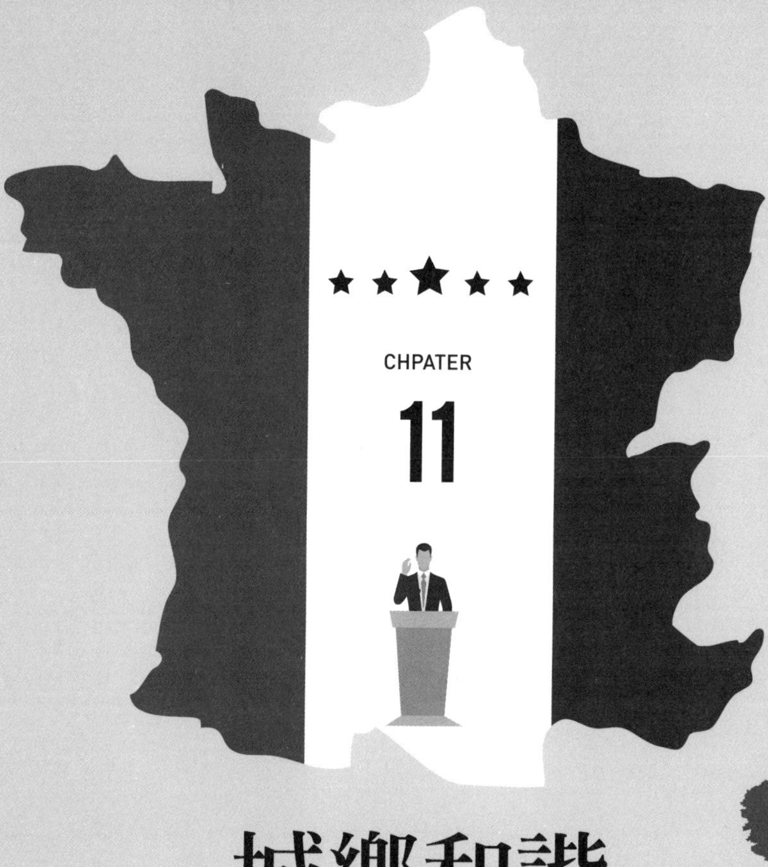

CHPATER

11

城鄉和諧

法國的夢想向來都是和諧統一。政府的根據地在巴黎，長久以來，我們的國家試圖達到一致，在國內各個角落提供同樣的公共服務和內部建設。然而許多年來，國家卻在我們眼前持續分裂。

法國和世界上其他地方都一樣，面臨著「大都會化[49]」的現象。各個大都市是我們社會開放的眞正贏家，那裡聚集了帶有高度附加價値的工作。全世界百分之五十的國內生產毛額，僅僅由全球三百個城市產出；而法國有百分之五十的國內生產毛額，是國內十五個大城市產出的，其中最高的是法蘭西島和巴黎。然而，法國最貧窮的人口有百分之八十都集中在郊區——就是那些因爲工廠關閉、公共服務裁撤、以及接觸就業市場與文化活動困難，而遭受重創的人。

但我提出這一點，並不代表我們必須反對城市發展。正好相反。城市對我們的國家而言是機會，是發展、活動、工作和影響力的源頭。

那我們從現在起，是否該放棄只把單一模式套用在全國各地，並捨棄同質化法國的夢想？我是這麼認爲的。讓我們面對現實：住在里昂、瑟堡、塞納-聖德尼或謝爾的人們，他們的現實生活是完全不同的。他們對內部建設和公共服務的需求有所差異，巴黎能對全國各省許下相同承諾的時代，已經結束了。現在開始，我們應該做的是讓每個都市都能夠帶動其他郊區，藉此重新建立各地區之間的協調性。

但同時，我們也必須考慮每個城市對其所在地區，都肩負重責大任。今天，多虧了這些城市的活力，全法國中沒有哪一塊領土是毫無希望的。

這些城市的人口占全國百分之四十，也創造了百分之七十在私人企業的工作機會。我認爲法國的發展，有很重要的一部分，應該藉由城市和我們的新大區50的互補性來達成。

這些對我們的未來舉足輕重的城市也有其黑暗面。他們會吸引爲了脫離貧窮而進到

49譯注：大都會化（métropolisation）是都市成長的過程，人口朝都市集中，同時也造成市中心朝其郊區擴張的現象，通常缺乏都市計畫。在歐洲，這些都市空間的改變被視爲是經濟成長的潛在動力；但同時也有許多人擔心可能發生的城鄉差距，以及這些空間之間，能否跨國建立聯繫的問題。

50譯注：大區（région）是法國行政區劃分的第一級單位，層級高於省，但不具法律自治權，其職責與任務在於接受國家部分稅收及分配資源，掌控大量預算，以促進大區發展。自第四共和時期起劃定的大區數量有二十二個，直至二〇一四年，前總統歐朗德推動大區合併計畫，將二十二個大區整併爲十八個，其中十三個位於法國本土，五個位於海外領地，此劃分自二〇一六年一月一日起生效。

都市、偶爾還是遠道前來的居民；反而更強化社會隔離的傾向。雖然有些社群和街區富裕並充滿活力，但其他區域卻越來越貧窮，種族隔離的情況甚至一天比一天嚴重。今天在大都市裡，我們太常摩肩接踵地生活；但我們也知道若什麼都不做，明天就可能會轉變成面對面的衝突。

這就是爲什麼我認爲我們應該採取的第一項社會相關措施，是重新建構我們的城市，並再次爲他們注入多元性。因爲我們很清楚，一切都環環相扣：當一個兒童在成長期間，生活在百分之八十的居民在家都不說法語、漸漸自我隔離的地區，或是就讀於公立學校，周圍都是相同種族、也同樣爲學業落後所苦的小孩時，這些孩童就沒有平等的機會，來建構他們的生活。

是的，現今在我們的大城市裡，社會分裂主要來自鄰近區域之間的斷層；我們應該藉由都市更新政策和興建住宅，盡力反抗這樣的分裂。目標只有一個，就是再次把城市轉變爲會面與社交的地點。

這麼做的前提，是我們的政策必須有正確的規模。這個規模一定要更大，以促成跨市鎮共同合作。對所有大都市來說都是如此，特別是法蘭西島；以我看來，此處進行的大巴黎地區改革，並不足以回應法國首府急迫的問題。

這樣的重新建構意味著鉅額的花費，然而過去幾年，法國國家都市更新機構（l'Agence nationale de rénovation urbaine）的預算卻被刪減了超過一半。這項投資必須透過和私人企業合作來補足，並且由當地主管機關主導。至於興建住宅、公共空間的整治、網路的建置，以及我們企業的財務能力與專業能力，對贏得這項挑戰來說都至關重要。

然而，如果我們希望在大城市裡重新注入多元性、並且回應新的挑戰，就必須興建住宅。我們的住宅政策已經過時了。此是爲過去的家庭而設計的，根本不適合今天的法國人；其構思背景是定居的社會，附帶有區域間的平衡和傳統家庭價值。然而現在，法國人的生活方式已全然不同。比起以往，他們更常搬家，原因不外乎是常換工作，住宅的需求因此暴增。當一對夫妻離婚，雙方卻共同持有孩子的監護權時，需要的就不只是一棟兩房的住宅，而是兩棟兩房的住宅了。

最近幾年，作爲居住所用的家庭預算遽增：房價在二十年內上升了一點五倍，但收入的可用盈餘卻只增加了百分之五十。隱藏在價格議題背後的，主要是數量的問題：因爲住房供不應求，尤其在所謂的「高密度區」，主要指的是法蘭西島、蔚藍海岸和其他幾個大城市，大多數人無法在那裡安穩居住。

我希望在「高密度區」盡速且大量地建造住宅。最重要的是我們必須堅持一貫性，不能繼續把都市計畫的法律複雜化、增加許多技術規格，又拉長完成官方流程所需的時間；我們也應該停止顧左右而言他，我們只能選擇將建造更多住宅視爲絕對優先，不然就是得永無止境地再增加已經夠繁雜的規範；兩邊同時進行只會全盤皆輸。我希望盡我所能，去建造眾所期待的居所。

接下來，我們需要的是堅定的決心。我們不能接受地方官員爲了維持當地政治現狀或居高不下的房價，而不去完成他們的任務。法蘭西島的建築規劃，顯示出在每個省分，新建建築基本上都集中在四、五個市鎮內。然而，他們和完全沒有新建設的市鎮，整體特徵卻大抵相同——因此，這是政治上的問題。在上述問題最嚴重的幾個大城市，國家應透過執行特殊程序來釋放地產，加快建築計畫的進度，讓我們每年都能夠有效率地興建成千上萬的住宅，來回應額外的住屋需求。

以努力興建住宅爲目標，是在各大都市中，唯一能夠有效讓供需平衡並降低房價的方法。如此一來，就能夠充分減少我們在這幾年來，發放的鉅額公共補助金；若想要協助解決住屋需求，卻不先克服建築問題的話，就等於助長房價上揚。

圍繞著這個充滿大都市及其市郊的法國周邊的，是另一個通常被稱爲「邊陲地帶」的法國。那裡的移動方式是各自的汽車，造成了環保問題；隨著交通路線越來越擁擠，通勤所需的時間越來越長，當地居民的生活因而越來越困難。

邊陲的法國經常缺乏基本的公共建設、交通運輸、托兒所以及文化設施，生活品質可能極低。我們都很清楚有些每況愈下的社區，或有些住宅、倉庫及小公司龍蛇雜處的區域，所造成的問題。法國的這一面，對我們的社會充滿不信任感；我們拒絕體制，並且逐漸被最極端的思想吸引。這樣的法國，需要政府及私人企業的投資來改頭換面，以及更緊密的跨社區合作，來重新打造一個社會組織，盡可能將大都市、市郊與大自然和諧地融合在一起。

同樣地，我們也必須聯合上百個中型市鎮的活力，這些是我們國家組成的骨幹，特別是這些市鎮的市中心。我們都知道，由於缺乏預先籌劃一個規模適中的商業發展計畫，以致於大得不符比例的購物中心，林立在這些市鎮的周圍，導致市中心的商業行爲有空心化的趨勢。然而，這些市中心本應是商業發展的首要地點，應該有足以爲該市鎮的整個區域，提供工作機會的中小企業。漸漸地，那裡的建築開始頹毀，連帶造成一些嚴重的問題。因此，我們必須鞏固這些「市中心」。

就像大都市一樣，某些中型城市也面臨了較複雜的區域問題。這些城市也是我們應該重建眞正多元融合的地方。

我曾經提過法國從大城市中得到很多，但不是所有的城市和市郊，都有同樣的蓬勃活力。

現在起，有些歷史上保有強烈工業傳統的區域，已經歷經長年的逐步衰退，因爲原先支撐其蓬勃發展的工業已漸漸荒廢。

大家都知道在金融危機高峰時，法國東北部有些區域在短短兩年內，就失去了高達百分之十的工作機會。遺憾的是這樣的衰退還在持續，結果非同小可：失業率越來越高，年輕人認爲留在家鄉沒有未來而離開，更因此加劇了此區域的退化。情況對在那裡買了房子、背著大筆貸款的受薪階級來說更爲嚴苛，他們連離開的可能性都沒有，因爲不動產的價格一落千丈——除非他們願意放棄一切。

在這些區域裡，居民感覺生活深陷泥沼。他們因此失去任何希望，已經不是什麼令人驚訝的事了！

爲了替這些地方注入生氣，政府應該不計代價地努力，與其嘗試讓已經頹圮不堪的產業長存，政府更需要促成一種和現代經濟更加一致的新成長邏輯。我們的行動應該根基於知識和技術之上；特別是大學城，更應該受到支持，扮演在教育中的決定性角色，把影響擴及到整片領土。新創企業應該受到激勵，藉由創新、追尋品質、引進新製程——如此一來，就應該能夠讓某些領域的傳統產業，再次充滿活力。如果我們能在全新的現代性中找到他們的定位，就沒有任何產業是眞的已經面臨窮途末路。

貝桑松就是很好的例子。LIP工廠在一九七〇年代初期倒閉的原因51，是因爲缺乏投資，以及沒有預期到作爲此區基石的鐘錶產業，會因石英科技的到來而翻天覆地。但現今，貝桑松的工作機會卻比當時多。這是怎麼辦到的?市政府、省政府、中央政府和企業，都協力投資在創新，以及提高員工的能力上。鐘錶製作技術要求高度的精細，代表著幾百個中小企業有機會因此創立，並在此發展擴張。國立實驗室與私人企業支持創新的發展，將這個城市轉變爲精準微科技的首都。

對於經濟發展，我們應該如此思考。這也解釋了爲什麼在提到工業政策時，我從不尋求不計代價地捍衛夕陽產業，而是打造新興公司、或是引進能使過去產業復甦的科技基礎。我們應該保護的不是工作機會，而是在那裡工作的員工。因此，我們必須讓企業之間的人員得以調動，且其員工最好還能持續接受專業訓練。如此一來，他們就能夠在最佳狀態下，應對現在正發生的巨大轉變。

末了，我想要談談法國的最後一面——也就是感覺自己和城市發展脫節的鄉村法國——或者該說是田園法國吧。這種被遺棄的感覺是宿命嗎？我不這麼認爲。

因爲首先，有人是自願甘於田園生活的。雖然越來越多法國人住到城裡，但他們也是自然的愛好者。對他們來說，這些自然地區帶有強烈的吸引力。他們會來這裡度假，過週末，並且整修直到那時都是廢棄狀態的一些建築，例如農場或村裡一些主要的建築物。

因此，我認爲我們有機會在鄉村發展一種具生產力的經濟模式。最首要的，應該是「居住型」的經濟模式，以建築物的整修、旅遊業，以及推廣高品質的在地產品爲基礎。接著，以長期來看，此模式還能夠利用新科技的發展，藉此排除距離因素的影響。服務業應該在此地發展，例如客服中心，或是提供數位接近性的服務。有了創新的支持，工業也能夠在那裡札根，我在洛特省的Biars-sur-Cère所看到的Andros公司，就是活生生的例子。

這些被遺忘的區域應該成爲實驗的地點。我們必須了解，那些由國家以統一的方式制定、並以過度防範的精神爲主軸的法規，是農村發展的大敵，因爲他們並沒有同樣的武器可以上戰場。鄉村地區需要的是能夠去冒險、嘗試，及實驗的能力。

51譯注：「LIP事件」（Affaire LIP）指法國鐘錶品牌LIP於一九七三年發生的罷工事件。當年六月，LIP公司聲稱虧損，決定關閉位於貝桑松（Besançon）的部分生產線並裁撤工人，結果引發工人占領工廠的大罷工。罷工歷時九個月，於此期間，占領工廠的工人發起自主管理，不靠資方、自產自銷，成爲法國首例。當時各激進左派團體均投入聲援，並引發一九七三年九月二十九日的大遊行，聚集超過十萬名示威者。時任右派政府爲了不讓一九六八的社會運動重演而介入，資方最終讓步，撤回裁員決定。之後，此事件被拍成多部紀錄片，亦創作成爲歌曲。

對每年都有居民流失的十幾個鄉村省分來說，我也希望能夠採用差異化的方法。他們已經等太久了。這裡，就是老年人和務農者感覺到絕望與被遺棄的地方。然而對法國整體而言，事態卻更加嚴重；因爲這些領土就是我們國家身分認同的基石，因此，他們的衰落讓我們感到灰心。以內部交通建設而言，這裡的每一個地區，從蓋雷（Guéret）到芒德（Mende），還有富瓦（Foix）、加普（Gap）和奧里亞克，都應該至少擁有一種高速的交通方式，能夠有效率地連結起這些城市，以及與其發展息息相關的經濟活動地帶。這些必要的內部建設應該在五年內完工。至於電信通訊和光纖系統，如果系統業者無法完成他們的義務，政府就應該盡快接手。在醫療方面，我們應該加速進行的，是以現有醫院爲中心，將診所設置於其周圍的具體組織化，或將派駐該地的專業人員集合起來。在能源方面，則應該採用一種特別的方式，以促進厭氧消化作用和風力發電的運作。

以公共服務來說，我們必須確保到處都有學校，或更進一步仿效郵局在近幾年來所實現的，更深入設置公共服務與機關的據點。最後，我們應該幫助務農者生產，以及對土地的管理。這將需要完整的配套措施，包含農地、遺產繼承，與協助農民對抗氣候的無常。比起其他地方，我們在這些地區為農民挺身而出的戰役，就如同我剛剛提到的，都是重要的關鍵。而且，我在這裡想談的「農民」，不僅僅是務農者。因為這些男女，是構成我們國家景色的一部分，是守衛我們土地的人。當絕望蔓延到這些土地，整體士氣會變得消沈。我們必須藉由重新規劃供應鏈，為他們制定穩定的合理價格，讓他們可以生存之外，還能夠投資。

因此，對法國本土來說，為符合現地眞實情況而調整公共政策是必要的；對於海外領地也應該比照辦理。當然，我們知道這些領地在歷史與地理特質上的差異，還有制度上的區別。這些省分及大區包含馬丁尼克（Martinique）、瓜德洛普（Guadeloupe）、法屬圭亞那、留尼旺（la Réunion）和馬約特（Mayotte）；一個特殊行政單位——新克里多尼亞（la Nouvelle-Calédonie），還有聖皮耶和米圭隆島（Saint-Pierre-et-Miquelon）、聖巴瑟（Saint-Barthélemy）、聖馬丁（Saint-Martin）、瓦利斯群島和富圖納群島（Wallis-et-Futuna）及法屬玻里尼西亞（Polynésie française）。我們也很清楚這些地方之間共有的特徵——遠高於全國平均的失業率，尤其是年輕人。雖然人們的收入微薄，生活花費卻仍然高昂，造成更廣泛的貧窮問題及更粗劣的生活水準；即便二次大戰後已經做了投資，國內的基礎建設還是不足。

當人民生活於距離法國本土達八千至一萬公里遠的島上，市場非常狹隘且處處受限，附近國家的人民所得都非常低，和歐元區及其法規相較之下簡直天差地遠的時候——法令的完全一致，並不是眞正的平等。我希望這些領地的規範，能以幫助他們在海外打造眞正的新創企業爲首要任務；讓他們能建立自己的社會與稅務制度，來爲其限制鬆綁；也能推動積極且充滿誘因的政策，來鼓勵私人企業對一些創新領域的投資，例如生物多樣性和海洋科技等。這些領地不要法國本土的施捨；他們想要的是公平，藉此從自己的根據地出發，也能夠成功讓法國看見。

因爲法國只有一個，無法分割，卻同時充滿著多元性；因此，我們必須從標準化、同質化，轉換爲差異化和鍥而不捨的邏輯。這是讓全國團結的關鍵。

將我導向一個嶄新的法國行政與政治組織的，就是這種領土多元性的視野。國家應該要去中央化，下放權力，和各地方政府建立新的夥伴關係，並發展當地適用的政策。在剛剛才成型的大區內，大區與其城市之間自然會形成連結。實際上，我認爲在這些大城市的腹地中，大城市是最能代表其所在省分的地方。

然而在鄉村，能夠帶領其發展的卻不是市鎮，因爲這些市鎮的規模太小，他們的行政權可能會轉移至省分或其他地方；而對於其中最小的幾個市鎮，則應該將他們集結起來。

整體而言，我們必須重建地域之間的團結。

在這個主題上，我們應該跨越那些根深蒂固的過時辯論——贊成或反對省分的存在，但這根本不是問題。從這個觀點來看，法蘭西島就是一個中肯的例子。然而，在幾乎都是鄉村的區域，省分卻反而應該成爲推動地域發展的眞正動力。

我尤其認爲行政區域的組織，應該根據各區域的提議來構思。

讓我們思考一下最近將合併兩個原屬於阿爾薩斯大區（région Alsace）的省分作爲目標，或是設立布列塔尼區議會（Assemblée de Bretagne）作爲該區域唯一的行政機關的創舉。隆河省（département du Rhône）與其首府里昂也是個好例子。國內各地區對於如何更有效率地發揮能力及節省預算都很有想法，我們必須仔細聆聽與領會。

我知道我正在打破一些禁忌，但我們也將因此得以降低公共支出；方法不在於無差別地統一刪減預算，而是實行讓國內每一個地區，都能夠互利互惠的政策。

在這個領域，就像在其他許多領域中一樣，我希望法國能夠由各個在地的原生居民共有。

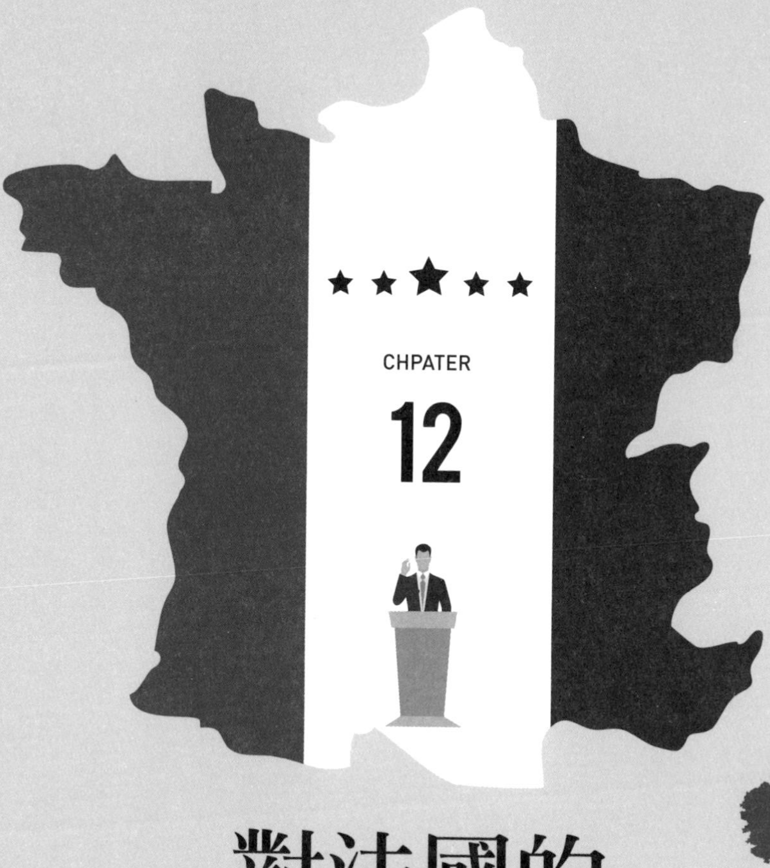

對法國的期望

在法國與各種危險、恐怖主義的暴力與當代社會的無常共存的這一刻，我們面臨許多誘惑，認爲肯定權威、武力、以及重申我們的原則，就已經足夠生存。有些人想用宣告其權力就能夠撐起整個法國來說服別人，而將其他事情交給法律禁令和公共秩序的維持，除此之外再沒有任何願景。另一群人則宣稱法國的身分是亙古的、是封閉的，緬懷著只存在幻想中的黃金時代。

但現實與此相去甚遠。我們的國家在面對挑戰時，只能靠著一股共同意志，才能消除芥蒂、團結一致。這股共同意志能夠引發運動，並且集合起所有超出我們理解範圍的一切，爲其界定界線並指引方向。是的，法國本身就是一股共同意志。

法國不是一天無中生有形成的，這共同意志根植於我們的歷史遺產，是能爲我們找到面對這些新挑戰的解答。

在我看來，法國的共同意志，就是去對抗所有分裂、封閉法國，以及讓法國人面對內戰風險的一切；也意味著對意識上的自由、共同文化，以及一個既強勢又友善的國家的渴望。

在我們期望投入新世界時，人們認爲已經過去的威脅又重新湧現，包括外在入侵，例如恐怖攻擊；以及身分認同的危機。

面對恐慌，我們不應退讓任何一步。在這方面，面對接二連三的恐怖攻擊，受害者的家人所展現的沈穩與尊嚴，一直讓我刻骨銘心。

我們有個敵人——伊斯蘭國。不論在國內外，我們都必須以刻不容緩的態度與其對峙。但這並不表示模糊焦點、或是讓我們因無關緊要的辯論而分歧，就可以被正當化。

許多在法國出生的年輕人、或是稍微有點年紀的人，他們的命運可能被禁錮在極權政府的致命策略中，但對於其複雜的邏輯，毫無疑問地，我們不可能掌握每個決定性的因素。吉勒・凱佩爾（Gilles Kepel）、奧利維耶・羅伊（Olivier Roy）[52]和其他幾位學

52譯注：吉勒・凱佩爾（Gilles Kepel，1955-）與奧利維耶・羅伊（Olivier Roy，1949-）是兩位法國專門研究伊斯蘭主義的專家，對於聖戰思想蔓延、恐怖攻擊威脅日漸加劇的原因，雙方的看法南轅北轍。凱佩爾提出的是「伊斯蘭的激進化」（radicalization of Islam），他於《恐怖在法國：西方興起的聖戰》（Terror in France: The Rise of Jihad in the West）一作中提出，伊斯蘭的薩拉菲主義（Salafism）是直接催生法國、甚至是其他歐洲地區，如倫敦爆發一連串恐怖攻擊的主因。然而，羅伊卻認爲「激進主義的伊斯蘭化」（Islamization of radicalism）才是最根本的現象，他反對將宗教原教旨主義視爲恐怖攻擊的主因，反而著重在聖戰分子的身分認同危機，在分析其加入伊斯蘭國活動之目的後，認爲他們是以伊斯蘭教來包裝他們的極端暴行，以自殺的形式選擇反叛父母輩權威、追求虛無的死亡，暴力並非是手段而是目的。

者透過分析和田野調查，說明了伊斯蘭國策略的幾個要素，包括伊斯蘭國在意識形態、宗教和政治上所宣稱的計畫，操弄想像出來的虛無事物，利用個人的脆弱、甚至精神疾病，最後再利用對法國的不滿與憎恨。他們的動機很多，但其他要求的回應，在層級上已經超越我們必要的安全措施。這是在我們的國土上，發起對我們文明的挑戰；挑起的是決心跟隨伊斯蘭國，或是被這些脫序思考所誘導的人。

更廣泛地說，我們現在所經歷的社會崩解，助長了這把對特殊群體懷抱著歸屬感的火焰，反而回過頭來，癱瘓我們一起行動的能力。

因爲三十年來，法國還是無法解決大量失業的問題，以致於讓許多眞正的「少數族裔群聚區」在我們的城市中成型；國家再也不能爲幾百萬名年輕人帶來希望——他們的父母通常也長年失業。我們任由對國家的疑惑，甚至是怨恨滋長。這就是我談過好幾次的，我們的政治與經濟被精英背叛的背景。因爲我們不願、也沒有勇氣正面面對問題，卻讓法國人民承受我們無能的結果。

然而，面對所有因我們的集體恐懼而得利的人，我們首先必須應該重申幾條基本守則。

在我們的國家，每個人都是自由的，對於有沒有宗教信仰，也應該保有自由。個人根據其內心深處寄託於宗教的程度，擁有決定自己要不要實踐宗教儀式的自由。不承認宗教的存在是一種自由，而不是禁制，目的是為了讓所有人都得以融入社群，並非為了引發對特定宗教的戰爭，更不是為了排擠或公開迫害；這是重要的基石，而不是束縛。若有人利用「非宗教性」這項根本原則，來告訴本國國民，說這個國家沒有他們的立足之地，我們要如何要求人民相信法國？

雖然意識的自由是毫無設限的，在遵守國家法律上就絕對不能妥協。在法國，有些事情是沒得商量的。對公民素養的基本守則和性別平等的遵守，都不能討價還價；對反猶太主義、種族主義和對其他族裔的污辱，則必須徹底拒絕。

事實上，即使各宗教中依然有原教旨主義[53]，但現今在我們的社會中，造成爭議的

53譯注：原教旨主義（l'intégrisme）或稱基本教義派（fundamentalism）提倡的是回歸信仰的本質；持此派信念者認為近代出現的自由主義神學使宗教信仰世俗化、偏離本質，而試圖回歸原初的信仰，或嚴格遵守該宗教的基本原理。實踐方式在於對各宗教的基本經文或文獻進行字面的、傳統的詮釋，並且相信從這些闡釋中獲得的教義，應該被運用於社會、經濟和政治生活等各面向。猶太教、基督教、伊斯蘭教、印度教等宗教都存在著「原教旨主義」。

重點是伊斯蘭教。我們應該立刻以冷靜的態度，一起著手處理這個主題。

我們面臨抉擇，而這樣的兩難已經在歷史中出現很多次了。我們是想向一個宗教宣戰、下驅逐令，還是比較想在法國社會裡爲其建立一個位置，盡量協助融入？過去我們經常犯錯——我們的祖國總籠罩在宗教戰爭沉痛的陰影下，無論是城市或鄉間，皆因此滿目瘡痍，差點導致永恆的毀滅。

不過在法國，我們也曾經給過其他宗教空間。猶太教在對國家的尊重和愛之下成長茁壯。我們的歷史和政治決策做了良好的示範。

我們不應該落入伊斯蘭國的陷阱，墜入內戰的深淵。

法國的主教們比許多政治領導人物都還更清楚這件事；在聖艾蒂安德魯弗萊[54]的攻擊事件後，他們的回應所表現出來的尊嚴，就是最完美的說明。

爲了重新檢視在法國的伊斯蘭團體，我們曾經提出幾個法案，目的在於讓穆斯林能有更多機會爲自己發聲，更能投入公民生活，讓他們能用更容易且獨立的方法爲禮拜地點籌措經費，也爲了支持尊重國家的守則與價值的宣教士。我認爲這些方案的方向是正確的，因此我將朝這個方向努力。

如果我們眞的想讓伊斯蘭教在法國有正當的組織，則應該讓這些定居在國內的穆斯林，以完全透明的方式，盡其該盡的義務。我們也應該幫助他們得以莊嚴地實踐其宗教崇拜，協助解除他們與其他國家的羈絆，切斷其與祕密組織及不正當的資金挹注之間的橋樑。最重要的是我們不能重蹈覆轍，不能因爲便宜行事而退卻任何一步。

接著，我們要一起向極端的伊斯蘭教宣戰——一個想要控制某些區域，並且自認凌駕於國家與其法律之上的伊斯蘭教。實行的方式，不是再去討論我們已經擁有的規範與法律，而是應該立刻實踐；對法國、對我們的價值觀、對我們是誰，以及對我們所抱持的信念鼓吹怨恨的組織，我們應該將之摧毀。有幾個薩拉菲[55]組織到處向我們的年輕人進行文化戰爭，占據國內廢棄的區域，取代了公共服務機構，提供援助和救濟。我們不

54 譯注：指二〇一六年，盧昂附近的聖艾蒂安德魯弗萊（Saint-Etienne-du-Rouvray）發生的一件刺殺案，兩個激進的穆斯林殺害了一位聖彼得教堂的神職人員。

55 譯注：薩拉菲主義（Salafism）是指伊斯蘭教遜尼派的保守主義，目的是忠實實踐伊斯蘭教的兩本重要經典——先知穆罕默德所記述的眞主啓示的《古蘭經》，以及集結穆罕默德言行實錄的《聖訓》。其多數信徒都遠離政治，但還是有些信徒爲實踐伊斯蘭法而積極參與政治。其中極小部分人爲了樹立由伊斯蘭法所統治的「伊斯蘭國」，主張以「聖戰」的名義正當化暴力，催生了恐怖分子。

能畏懼於義無反顧地發起反抗。在各地，我們都有爲了非宗教性、女權及國家規範而努力的戰士，我們沒有權利棄他們於不顧。我們應該給予協助，就是這些和公共服務機構緊密合作的鬥士，才能夠重振我們的國家。

國家及國家代表們的義務在於堅定不移。如果必要的話，必須要求穆斯林在開設禮拜地點之前，再次保證對我們重要價值觀的認同；對於較爲激進的布道，必須要求澄清解釋。若有特殊情形，則得以依國家規範，關閉或禁止禮拜行爲。

接著，我們必須爲這些太常遭到忽略的地區提供一個未來。其他被忽略的原因，要不是因爲該地累積太多社會經濟問題，再不就是由於這些地區被挫折逐漸侵蝕，我們的政策只是治標不治本。我們已經更新了都市計畫。這是絕對需要的，而且在許多區域的執行也頗具成效。但我們目前工作的重點只放在土地上，只是把居民分配到住宅裡，然後告訴他們：「我們要幫你們重新整修社區，不過你們不能就讀市中心的學校，大眾運輸和文化設施對你們來說不是很方便，想要得到實習機會或上大學，則是非常、非常困難，至於想找工作……你們不要那麼多要求！」

我們必須積極地恢復這些社區。面對國家的敵人，光是堅定不移還不夠。我們必須重新投資在這些地區，再次賦予此地居民該有的機會、能動性和尊嚴；也爲了讓他們擁有眞正的一席之地，能有一個生氣蓬勃的團結社群，因相同的價值觀而凝聚在一起，並對其產生歸屬感。這意味著在學業及職涯上的能動性，以及對文化及娛樂活動……等的近用權。某些激進宗教或政治經驗所奪取的，就是這種對生存意義的需求。

我們的任務將非常艱鉅、曠日費時，對所有人來說都很吃力。我認爲這是基本的，即使對國家的認同，和對宗教的認同是兩回事。在我們這個時代，博愛和對其他人的尊重必須融入我們的公共規畫中，也必須凌駕於我們的信仰之上——無論是什麼信仰。

總而言之，公式很簡單：絕不向分化或仇恨的論述讓步，爲自由不惜一切。協助伊斯蘭教在法國建立一席之地，但在我們的基本守則上毫不退讓，並且抵抗所有形式的社群主義[56]。

56 譯注：社群主義（communautarisme）強調的是社群與社會的重要性超越個人，重視共同價值觀以及共同利益，與自由主義對立。然而到了近期，社群主義卻促進了城市中特定種族或信仰的社群隔離，在某些情況下也促成了原教旨主義。

然而這樣還不夠。只有我們知道自己來自哪裡，法國才能夠抬頭挺胸地帶著勇氣前進。傳承是我們國家的核心。在一切事物都在加速、方向模糊的當代世界裡，這讓每個人知道自己來自何方、又要往哪裡去——前方可能更好，但偶爾也可能更壞。

若我們不願虛心求教，不去理解那些前人已經領會的事情，我們就什麼都不是，也不可能有什麼成就。若我們沒有在法國的歷史、文化、根源及關鍵人物——包括克洛維一世、亨利四世（Henri IV）、拿破崙（Napoléon）、丹頓、甘必大、戴高樂、聖女貞德（Jeanne d'Arc）、二年軍隊、塞內加爾步兵團[57]、抵抗者（les Résistants），以及所有在我們歷史中刻下重要痕跡的人物中，找到自己的位置，我們就無法形塑法國，也無法界定自己在法國的角色。

法國是我們自己所有要素的組成。我們沒辦法又要當法國人，同時又想徹底抹滅過去。我們的歷史和文化，前人要傳承的所有一切，打造出我們共有的基石。過去是我們未來的起點，這就是爲什麼國家英雄永遠都是身邊的人：小學教師、中學老師、大學教授、手工師傅，甚至連企業老闆有時候也會傳授他們的見識——所有這些選擇奉獻他們的時間，以傳達「我們是誰」的人。

法國文化是將我們凝聚在一起的根本，建立了人民之間的連結。這不該是精英文化，反而是對所有人敞開的門。我已經見識過好幾次一首詩、一段文字所能喚起的一切，是如何創造情感、打破藩籬的。這正是我在公共集會上提起紀德或阿拉貢（Aragon）時，大家共享的情緒；也是我聽到馬利克（Abd al Malik）談到卡繆（Camus）時，內心感受到的那份激動。

這份遺產是我們對抗分化、對抗激進思想與對抗屈從的武器。但傳遞我們的文化、情感與讚歎所意味的，還更甚於此。那代表著我們一起找到生命中最重要的元素，我們已經失去了我們的習俗——例如我住在庇里牛斯山村莊的阿姨家才知曉的。亦包括本地社群內的緊密連結，絕不讓任何

57譯注：丹頓（Georges Danton，1759–1794）是法國大革命的重要領導人物。甘必大（Léon Gambetta，1838-1882）是一位極具影響力的政治家。二年軍隊（les soldats de l'An II）指的是法國大革命期間，於一七九二年採用革命曆法後的第二年，在法國各地受強制徵召的軍隊；這是法國史上第一次大量徵兵，也因而引發許多暴動與殺戮。塞內加爾步兵團（les Tirailleurs sénégalais）是法國從一八五七年開始，於非洲各殖民地、主要爲塞內加爾開始徵募的士兵，參加過包括兩次世界大戰的幾場重要戰爭。

一個人無依無靠；人們會將年邁的雙親留在身邊。我們已經遺落了我們最純眞的關懷。

爲我們的生命賦予意義的，不是政治；就算政治轉變成拯救世人的信條，我們也無法理解這怎麼能夠企圖取代崇拜，甚至是信仰。但身爲共和國的國民，我們不能忘記「**博愛**」——法國大革命口號中的第三個詞，通常被認爲是最難解釋的；然而，在一種超越種族藩籬的友好善意中，將自由與平等聯繫起來的，卻是博愛，那些出於令人欽羨的動機。而每年奉獻自己、投身非營利組織或捐款的法國人，他們最清楚這一點。博愛就像是法國所有價値的核心，是無法容忍社會排斥的。

在內心深處，我們缺乏某種東西；我們每個人和整個社會都是。西方社會的轉變，似乎讓我們深深陷入一種屈從的悲傷裡。每個人都被指定一種功能性的角色，卻不太管這實際上是爲了「市場」還是爲了「國家」。

生命的意義、超越極限的能力、人際關係或日常生活的重要性，與無法簡化成金錢、社會地位以及成果的元素，似乎永遠消失了。

不管法國人個人追尋的是什麼，若他們放棄參與對他們來說已經失控的政治活動——也就是國家，他們還是不會幸福。但主動參與所意味的，不只是投票與參選，也不是構思、更不是實踐哪個政黨的宣言。

政治應該承載的，是我們的價值觀；這些價值觀，並不只是有效用的價值觀而已——而是其他事物。多少人的生活，因爲「經濟效益」之名，被消耗殆盡。在結構過於複雜的企業中，已經沒人知道誰在發號施令，又是誰在遵守命令了。所有工作的人，勞工、管理階層，似乎都只是被一個看不見的系統推動著，卻沒有人知道關鍵。這樣的去人性化，這種對極大「最佳化」的追求，可能導致悲劇。

「對法國的期望，也就是對其價值觀的期望」，幾十年來，這單純的志向一直是我們移民政策的重心。法國的友善好客，不只是出於慷慨或傳統；而是一種打造共同命運的共享意願；在其中，有移民者被視爲一種富足，有絕對的必要性。這也是異鄉客的期望，他們決定成爲這獨一無二集體命運的一分子，並且全然接受。

每年有二十萬名外國人到法國定居，其中幾乎有半數出生在歐洲，百分之三十來自非洲國家。

關於移民庇護這個比較特別的主題，我們必須好好安排，再度檢視對於這些大量申請的審查條件。審查程序必須有效縮減，也包括重新組織居留證系統，以及司法管轄權如何分配。我們應該歡迎這些有權受法國保護的人，盡快安置他們，處理他們的申請；他們擁有這些權利。然而，一旦這種精簡有效的程序結束後，所有沒有志向留在法國的人，由於已經無權受到庇護，必須被遣返回國。

我想用更清楚、更不矯飾的方式說明這件事：對難民的人道對待，並不是讓人以爲我們會接納所有人，但在沒完沒了的程序之後，發放的居留證卻寥寥無幾。我們這樣的做法，是不可置信地不人道：我們讓申請者滯留在國內好幾個月，直到申請程序完成後，結果卻是決定驅逐其中大多數人。在等待期間，他們已經安頓好，有時候可能結婚了，或是小孩已經出生。這些驅逐令因而沒有執行，但這些人卻突然面臨非法居留的情況，沒有合法證件，注定成爲社會邊緣人。由於我們的政策缺乏明確的目標以及效率，結果卻和我們一直秉持的人道傳統完全背道而馳。人道就是爲我們的角色負責，迅速審查申請文件，再將結果告知那些最息息相關的人。

對於跨越沙漠及地中海來尋求庇護的難民，我們也應該協助他們走出道德及人性上的絕境。關於此事，我們得直說：是我們的錯。即便法律、是我們的法律，要求我們審查庇護申請，但卻不允許申請者以合法途徑前來法國。他們當然還是會來，但成千上萬的難民死於途中，有一部分是我們的責任。難民庇護的申請應該在最靠近衝突地帶的地方，也就是與其比鄰的幾個國家接受審查。大家都會說我們的領事館還沒有準備要做這件事；然而，他們應該要有萬全的規劃。這是尊嚴與效率的問題，比如修改荒謬的《都柏林公約》，當中要求先由歐洲邊界國家處理難民的庇護申請，結果造成難民們痛苦地奔波，也耗費了龐大的費用；因爲他們知道邊界國家不會收留他們，最後還是得回到歐洲中心，回到法國、德國和義大利。

除了難民之外，我們應該讓想融入法國社會的人，申請居留證的程序變得更容易。我們不能允許讓想生活在我們的土地上、或是想成爲法國人的人，花好幾個小時排隊，游盪在一個辦事處到另一個辦事處之間，只希望在六個月或一年的奔走後，能夠有一扇門爲他們敞開。一旦居留資格清楚地設立之後，處理程序應該在兩個月、最多三個月內就完成。這才是我對一個友善國家的認知。

但友善的國家必然有所要求，法國不能無條件接納所有人。因爲法國的價值觀，也就是我剛剛描述的那些自由，是沒有談判餘地的。無論如何都不可能。而且我們當中沒有任何人能夠披著寬容或多元的外衣，來認爲男女平等、思想及崇拜的自由——也包括不信教的自由，是可以被改變的。法國的偉大，在於我們讓所有加入的人，享有這些自由。因此，每位來到我們國家的人都應該致力於尊重、甚至捍衛這些自由。相對地，每個人都應該能夠完全融入社會，以及享受完整的社會保障，而不是總有某些人在質疑他們對法國的忠誠和團結。

我不認爲法國的價值觀正在消失。法國並不脆弱，不需要捍衛自己是誰——只需要表明態度就夠了。今天，我們所缺少的、給我們這種對自己不忠實的痛苦印象的，是這些必須爲政治注入活力、多樣性以及綻放光芒的方法。我們需要的是想像力、堅持不懈的意願，以及耐心。我們懷有一點對未來的期待。我們所有的價值觀都還在，只似乎沉睡了，或是麻痺了。倘若要讓法國團結，我們需要的並不多。

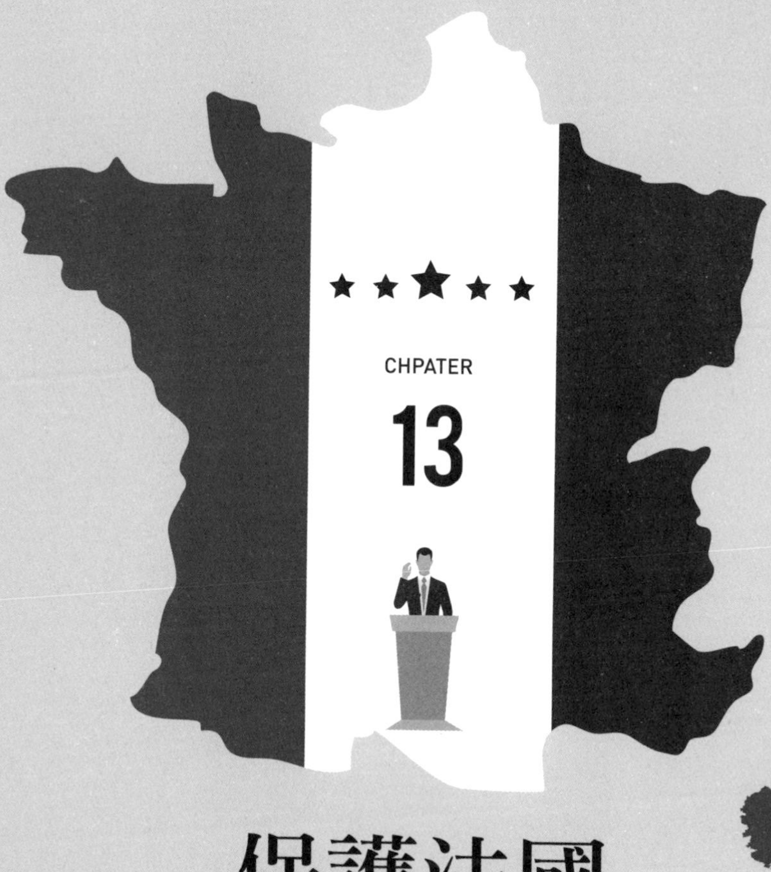

CHPATER

13

保護法國人民

許多政界大老將其論述建築在國家衰落的徵兆上，我們到哪都聽得見。但我個人打從心裡深深相信他們是在騙自己，也因此，他們欺騙了法國人。

當然，我們的年代很艱難，當代歷史也有許多哀傷的故事：法國遭受幾次惡劣的攻擊，經歷過社會被徹底顛覆，並且在世界轉變時失去自己的穩定性。然而，法國的根基並不脆弱。幾個世紀以來，我們都在世界保持領先的地位，也克服了無可比擬的困難挑戰。我們有充滿活力的人口、有目共睹的社會融合力、無與倫比的文化遺產，以及獨一無二的志望。

今天，我們應該讓面對當代威脅的法國人不再擔心，國家會保護他們。因爲這是國家最重要的角色：在人們面對恐懼時，捍衛每個人的自由。

我們生活在一個堅定抵抗伊斯蘭國的國家。除此之外，還必須面對這幾年來存在於日常生活的暴力與挑釁，以及在某些地區越來越緊繃的緊張感。我們有很多道不同的前線，儘管不能等同而論，我們都應該和這些常存的危機共存。

當代最危險的錯覺之一，就是認爲我們能夠藉由禁令、罷免、詳細記錄個人資料、選擇陣營，以及在一七八九年在世人面前發表的《人權宣言》中，所提到的「遺忘或藐視人權」，來消滅所有罪惡。

自從恐怖攻擊後，在眾多大抵是以選舉爲目的所提出的政見之中，有其空洞和令人擔心之處。就像在其他領域裡一樣，在我眼裡，法國人似乎能夠克服我們的焦慮，展現出一種沉著穩定、力量和決心；與我們形成強烈對比的，是某部分政治階級所造成的失序的動盪不安，尤其是讓傳統右派思想往極右靠攏的人，但還不只有那些人而已。在這個極度競爭的場域，繼承龐加萊（Henri Poincaré）和戴高樂的候選人們，感興趣的卻是學生餐廳的菜單、服裝的長短，以及取得或放棄法國國籍的方法——恣意發揮毫無建設性的創意。

無論哪些草案能爲人民帶來什麼益處——人們本來應該可以公開討論的，但這些政界大老卻因此一次就犯下了政治和道德上的錯誤，也曲解了歷史。

沒有一個國家，尤其是法國，會以否定建構其自身的法律或立法精神，來迎擊任何重要的考驗。所有的抵抗都充滿著一種對於「我們是誰」，以及「沒有人可以讓我們放棄」的自豪和肯定。從嚴格的實用觀點來看，我們現有的反恐武器就已經足夠，沒有必要再加上特別法庭、拘留營或是沒人知道從哪來的國籍推定58原則。此外，大家都很清楚，限制所有人的自由或剝奪每位人民的尊嚴，從來都無法強化國家安全。死刑廢除了之後，不管是犯罪率還是辯方律師的人數，也都沒有提高。我認爲這些錯覺本身就會造成莫大的傷害，因爲這些毫無用處。在這條道路的盡頭，法國根本還是一樣暴露在危險中，但國家的風貌將在路途中受損。

我聽到有些人希望把歸檔在「S檔案[59]」裡的人都囚禁起來，以避免造成危害；也是同一群人彷彿要讓我們安心似的，說只有其中最「危險」的人才會被關——但沒人解釋該如何評估所謂的危險性，更不用說我們嚴謹且專業的情報單位並不建議採用這個方法。我們並不能靠危險的提議來降低危險。因爲系統化地監禁「S檔案人物」這個提案本身，就是在虛耗我們情報系統的效率，但這更意味著將法治國家變成警察國家，既無效又不民主。

法國和其他國家截然不同。在這麼艱難的時代，除非我們已經迷失自我，否則除了我們自己的道路之外，不可能再走其他路了。我們必須捍衛的豐富資產是法國的標誌，是法國的美德及其藉由歷史傳遞的訊息。這就是爲什麼在決定性的時刻、在重要的主題上，這些訊息還是能被全世界聽到——拒絕所有不是出自於人道精神的暴力行爲的聲音。

法國的身分就在這裡，不在他處。我為有些自稱使者的人所宣稱的謬論而感到震驚，他們認為法國的身分並不是為了法國本身、是因為他們的幻覺而存在，這貶低了法國。

這也是為什麼我們必須集體準備，一旦時機許可，就立刻結束緊急狀態。在恐怖攻擊隔天，緊急狀態的確必要，這允許我們立即採取許多措施，但這些措施在其他法治政體下，可能無法通過。我並不是主張即使在非常戲劇化的情境中，我們也不應該再進入緊急狀態。但每個人都知道，無限期地延長緊急狀態不但無法解決、反而導致更多問題。我們不能永遠活在一個特別的政體下。因此，我們必須回到常態的法律，因為此有立法機關的支持，也能以正當的方式執行。我們有完整的立法機關，長期而言，能讓我們適當處理自身的情況。

58譯注：國籍推定（présomption de nationalité）意指如何界定法國國籍的發放，在法國是一個極富爭議性的議題。

59譯注：意指對國家安全有威脅的人物檔案資料庫。

這麼說並不代表我們應該調整自己的言論或行為，尤其是宗教上的，來違背我們的原則。然而，借用外科醫師的術語——唯一能夠「修補」恐怖主義「傷痕」的，就是不要再給自認是他們代言人的人，有任何能夠藉題發揮的著力點。爲此，我們理應動員整個公民社會，來支持一個以信任爲基礎的計畫。若這份信任遭受背叛，則必須執行嚴厲的懲罰。相反地，就爲了回應少數人的宣傳和零星的犯罪，而不問因果地讓全體法國人一起陷入嫌疑中，再也沒有比這更糟糕的做法了。

我們必須戒除常態性向法律求助，及永無止盡地修改刑法的習慣。成功多半仰賴事先由政府代表對警察組織及法庭的評估審查後，再對警力及法庭結構與預算進行改革。

法治國家應該擔保的，是每個人最重要的人身安全自由，但我們要如何保護？

軍隊只能是我們最後的選擇。這並不是訓練年輕人遵守紀律的自然方式，也不是維護國內秩序的力量；其最終目的是爲了戰鬥。我們的軍隊透過多次的改革和重組，長年以來承擔著重責大任，激發了所有人的敬意；許多政治大老，呼籲法國應該持續投入增加軍力，用以向這些軍人致敬。只是，設置軍隊，並不是爲了補強國家安全機構的不足，或是我們教育系統的缺失。軍隊的任務有可能臨時增加，我們可以發展後備戰力，但徵兵制度的合約型態，特別是義務、服役期間和福利的部分，都必須經過深思熟慮。然而，把後備軍力用在粉飾太平上，既危險又難以理解。

因此，爲了保護我們的國土，讓國民安心，在法國本土布署將近一萬名軍力的哨兵行動60是必要的。在接下來的幾個月結束此行動，不僅不實際，也有違眾望；然而一方面，即使在哨兵行動結束後，我們還是必須維持現有的軍隊規模；另一方面，我們也必須迅速地爲過渡時期準備，透過增額聘任，來活化警察和憲兵的備戰力。

更廣泛來說，在我們設置國家安全機構時，恐怖主義對法國人尚未造成重大威脅，且犯罪型態也不可和今天同日而語。然而，爲了有效的行動，對抗恐怖主義必然需要一個截然不同的邏輯；人民得爲此建立彼此信任的連結，國內也必須繼續保有維持秩序的警力。對抗恐怖主義必須從接近法國民眾身邊開始，因爲這是收集情報、辨認且追蹤危

60譯注：法國政府於二〇一五年初執行名爲哨兵行動（Opération Sentinelle）的軍事行動，目標在於保護法國國內幾個重鎮，預防恐怖攻擊。

險人物的唯一方式。

實際上，對抗恐怖攻擊，最首要的是資訊戰，需要的是仔細且低調的調查作業：如果我們決定監禁所有跟蹤或竊聽的對象，那麼這一切都成不了。

關於安全部隊的工作，我們必須承認過去所犯的錯誤，到現在都還沒有彌補。

我們在第一時間，就已經先搞錯了安全武力的組織架構。今天，我們承受著當時幾乎完全裁撤國內情報單位的苦果——這個決定造成了負面的影響，因爲對抗恐怖分子網絡的行動效率，有很重要的一部分有賴於以城市、甚至以街區爲範圍的情報收集能力。因此，我們應該跨越過去幾年改革的障礙，重新從地方開始建立真正有效的國內情報單位。此外，我們也不懂得規劃，來更善用網路上流通的資訊和不同行政單位所收集的資料。除了理清這些行政單位之間的協調問題外，我們也應該效法英國或美國，設置一個負責處理大量情報資訊的中央單位。此單位應直屬國防委員會，因爲他們能夠匯集高層級的情報資訊，和對個人的追蹤所得的當地情報，是不可或缺的互補。

同時，我們也承受著十多年前，因爲意識形態的決定而取消社區警察制度[61]的後果。和諷刺漫畫裡畫的正好相反，由李歐奈爾．喬斯潘（Lionel Jospin）和尚－皮耶．

謝維納蒙創始的社區警察制度，既不是寬容主義的烏托邦，也不是宣傳的花招。不管我們決定怎麼稱呼，都一定要將「恢復最貼近公民的警察組織」放回討論的議題裡。當然，我們必須考慮到情況有所變化——和二十年前相較之下，某些地區的暴力和犯罪程度大幅提高。最重要的是，我們應該確保警察和司法機關之間的銜接更有效率。

我們應該給這次的新社區警察制度時間，用人力資源及經費來維持。社區警察應該和法國人民建立信任的連結，這不是示弱的表現，而是遠見。因為因此而受聘的警察——憲兵也是——都是已經深刻了解其轄區的公職人員，有時間收集必要的資訊；必要時，也能夠在潛在危險人物往極端方向發展前，事先辨認出來。

顯而易見的是，這些改革亟需迅速的重新組織與額外的經費。除了已經決定、且仍

61 譯注：法國曾於一九九七年，在喬斯潘內閣的推動下，實施社區警察制度（la police de proximité），目的在於預防犯罪、提升居民安全感；但派駐之警力為義工性質。然而，在破案效率並未提升，以及出現社工與警察不能劃上等號的批評，再加上左右兩派對此制度意見不合的情況下，最終於二〇〇二年，也就是前二任總統薩科齊（Nicolas Sarkozy）任內結束。然而，根據二〇一七年六月的民調，百分之八十四的法國人贊成重新設立社區警察制度，幾位左派總統候選人也提出類似政見，包含馬克宏的「日常安全警察制度」（police de sécurité quotidienne）。

在聘雇中的九千個名額，接下來的三年內，我們還應另行招聘一萬名警務與憲兵人員。然而，如此並無法解決發生在維里沙提永的惡劣攻擊事件[62]之後，警察上街遊行所強調的困難點。

許多警察都覺得他們在很嚴苛的條件下工作，卻因爲長年以來的預算限制，而無法配備不可或缺的裝備；在過去幾年，也有幾個警隊完全沒有增加人力。連主管階層自己都已經放棄某些街區的感覺，對現場的警務人員來說，不論男女，他們都無法接受。

在這裡，我們也能看到司法系統資源短缺的直接結果。法院及監獄行政單位因爲缺乏方法，因而對犯罪行爲的懲罰和罪行的嚴重程度不符，尤其是在最危險的區域——這會減低現場警方的公信力。舉某些區域爲例，在刑期不到兩年的情況下，檢方即不再聲請拘留令——若這已成爲一種常態，那麼整個犯罪與司法系統的公信力將會遭到質疑。

應對措施，就是讓警政與司法單位能重新專注在幾個特定的任務上——目前，他們無法對抗所有層級的犯罪現象。

經典的政治回應是，無論何時、在各種情況下，都必須「永不妥協」。這很明顯是個幻覺，現實情況是人們對警政、司法和監獄管理人員的要求總是越來越多，他們是現今的公職人員中，工作條件最嚴苛的一群。我們應該強化他們的資源，對應該優先處理的問題也不能讓步——對抗違法與犯罪行爲，以及徹底根除無政府狀態的地帶。但除此之外，我們也應該開始以成熟與透明的方式，來思考懲罰的目標。我們期待懲罰性制裁能達成什麼目的？將違反社會體法律的人，在一段或長或短的時限中將其排除在外，對我們的社會而言，並不總是最有效的方法。以偷竊爲例，在沒有加重罪行的狀況之下，目前可處三年有期徒刑。難道我們不能規劃一種對被害人較爲有利的強制性補償，並規定若贓物價值不足某金額，就再加上罰鍰嗎？同樣地，使用及持有低於某數量的大麻，就像在形式上違反某些交通規則一樣（例如沒有汽車保險），眞的有召開刑事初審法庭（tribunaux correctionnels）的必要嗎？我們的確可以認爲以懲戒這類行爲來說，處理違規的規範就已經足夠。

62譯注：二〇一六年十月，在位於巴黎南郊的維里沙提永（Viry-Châtillon），一群年輕人朝警方及警車投擲汽油彈，造成兩名警察重傷，自此引發警方不滿。此後的幾次員警集會遊行，主要訴求都在於要求更多資源。

在這方面，只要有人提起這些問題，我都不接受有被控訴爲「支持寬鬆政策」的可能裡。每個人都應該知道，對於不當駕駛的人或是成癮行爲，我都沒有任何一點同情；我只是單純認爲我們應該聽聽警界與司法專家的建議，讓他們親自解釋，若當下用高額的罰款能更節省警察與法庭的時間，卻反而用以往耗時耗力的方式處罰吸食大麻，這件事有多沒意義；而且與每個人都知道永遠不會執行的虛設徒刑比較之下，罰款的嚇阻作用還有效得多。

另外，我認爲無論是什麼形式的懲罰，一旦宣判之後，都必須立刻執行。今天，若一位法官對犯人的判決是兩年有期徒刑，但他知道這個判決會先經過另一位考慮以其他方案來取代徒刑的法官審查，這樣的系統有什麼意義？對受害者、對公民，甚至是對罪犯而言，都很難理解。宣判了徒刑，就應該接著將犯人羈押。我們必須重新嚴肅看待刑罰的宣判，因爲這代表著法庭發言的約束力，等於是法庭的權威。而且，對於「預防」這個已經被徹底放棄的做法，難道我們不應該再多給一次機會嗎？對於較複雜街區的青少年，我們應該加強成人的陪伴，例如教師或志工，來避免他們跨越違法的那條界線後，陷入犯罪、監禁、再累犯的惡性循環中。

國家在司法及安全上的功能，意味著在資源投入上的保證。我們應該要負責並遵守這個承諾，並且使其經得起時間的考驗。十年來，受到時局常態的變化影響，這些一直都很不穩定。因此，在這個議題上，我們必須對這樣的優先處理順序完全負責，設定一套以五年的任期爲框架的法令，來提出在這段期間內，國家所應該實踐的承諾。

最後，爲了完全提高效率，我們應該讓社會全體共同擔當。

在扛起國家安全的重責大任時，每個人都應該扮演好自己的角色——然而，這並不是要讓整個社會變得草木皆兵，而是接受國家不是安全議題的唯一執行者。關於辨認威脅，每個人都有一個需要扮演的角色，面對各種可能的不尋常事物，我們都應該提高警覺——例如接納年輕人的組織，帶著小孩去校外教學的教師，或是舉辦研討會的企業領導人。公民的急救技能、對恐怖攻擊的反應，以及如何在第一時間通知警方，都是現今不可或缺的訓練。

在這種情境下，儘管能夠以其他單位取代，後備戰力仍然扮演著非常重要的角色。這裡指的並不是重新實施全民徵兵制，這不是我們的年輕人所期待的，如此也不可能組成專業的軍隊。

相反地，我們能夠以後備爲前提，以自願參軍的方式訓練三萬至五萬名青年男女，能讓他們爲這次至關緊要的變革，貢獻一己之力。

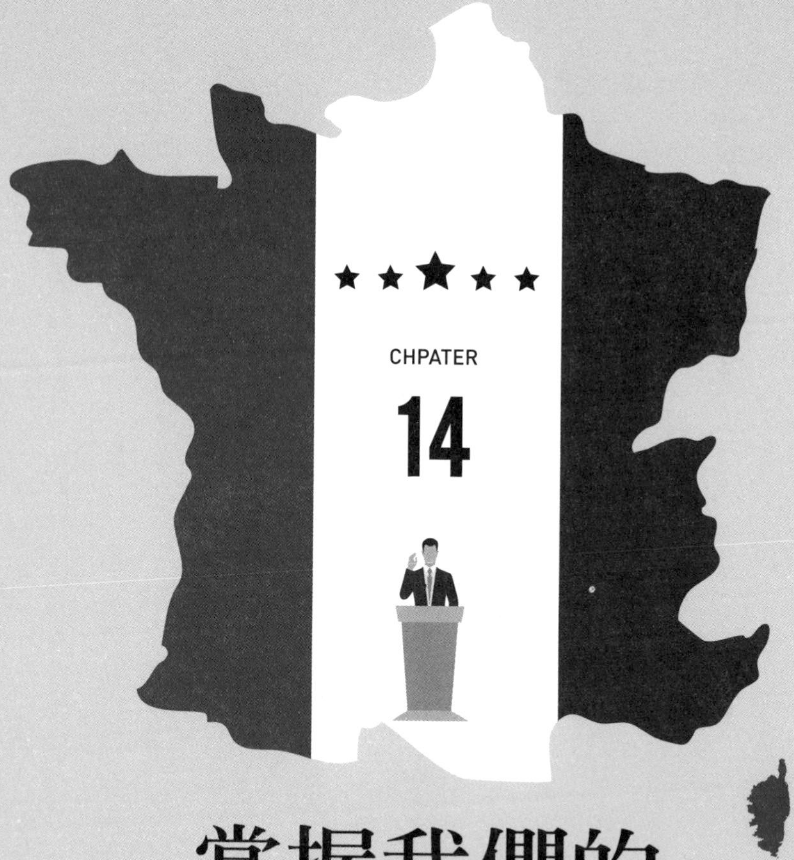

掌握我們的命運

無論我們願不願意，我們都已經深深身處這個世界中。

生活在國外，經常移動的法國人有好幾百萬。法國在每一個大陸上都擁有領地；我們的語言在地球的每個角落都有人使用。

法國國內也蘊含著全世界——每年有數以千萬計的遊客到法國旅遊。我們有兩百萬名國民爲外商企業工作，企業數量已經超過兩萬家，在法國境內到處都是。特別是我們有幾百萬國民的工作和全球化息息相關。當我們的國民在土魯斯建造空中巴士、在馬里尼昂（Marignane）打造直升機、在貝爾福（Belfort）生產渦輪機，或在加萊海峽鋪設海底電纜的時候，就是在爲國外客戶工作，這也有賴於全球化。

我們在當代面臨的嚴峻挑戰是世界性的：恐怖主義、人口遷徙……等等。顯然我們共享同一個地球，就應該集合起來，一起爲保存生物多樣性與解決氣候異常的問題而努力。因爲這些正在進行的轉變，將對我們及我們的下一代，造成直接的影響。若我們各自爲政，他們將導致疾病與衝突，漸漸摧毀我們最重要的共同財產——地球。

我們也明白自己不能對世界漠不關心，因爲我們就生活在其中。我們的國際行動就是掌握自己命運的先決要件，我們的未來也和其他人的緊密交織在一起。

而且，法國也未曾只考慮到自己，卻沒有爲其他人著想。在他人眼中，我們偶爾會因此變得令人受不了。但這也能夠解釋爲什麼當法國在某些主題上不表示意見時，我們的鄰國和夥伴會問：「法國在幹嘛？怎麼默不出聲？」一直以來，我們的法國夢同時也是世界的夢想，我們也向來都爲全世界著想。沒有幾個國家會像法國一樣，爲了中東的基督教徒受到威脅、爲了班加西（Benghazi）的存亡而動員[63]；或爲了阿勒頗（Alep）的犧牲者[64]、爲了發生在通布克圖（Tombouctou）的犯罪[65]，而義憤填膺。

63譯注：指二〇一一年二月十七日爆發的利比亞內戰，法國在聯合國的同意下，加入英、美各國對其進行軍事干涉，支援以班加西（Benghazi）爲據點的反格達費革命軍，並且首先承認利比亞反對派成立的「全國委員會」爲代表利比亞民眾利益的合法政府。

64譯注：阿勒頗（Alep）的犧牲者指涉的是二〇一二年敘利亞內戰時，法國前總統歐朗德支持並促進敘利亞反對派組成臨時政府，並公開宣布若阿薩德政府使用化學武器，法國將聯合英美進行軍事干涉，並提議在敘利亞國內建立緩衝地帶及禁飛區，以保護阿勒頗戰區的難民。

65譯注：二〇一二年一月馬利內戰爆發，稱「阿扎瓦德民族解放運動」，反政府武裝組織於四月份單分面宣布獨立，以通布克圖（Tombouctou）爲首都。此後至二〇一三年間，反政府軍與多個伊斯蘭聖戰組織組成聯軍，馬利政府已無力應戰，在馬利與其他西非國家經濟共同體的請求下，聯合國安全理事會同意法國提出的解決方案，由法國制定「藪貓」軍事行動（Opération Serval），於二〇一三年一月出兵協助政府軍穩定局勢。

這些對國際事務的關心，長久以來孕育著法國的滿腔抱負，我們要照亮世界的行進，承載人道主義的普世價值，邀請其他人循著我們的道路前行，或與我們及我們的模式與價值觀建立更緊密的聯繫。今天，法國還沒那麼適應全球化，也偶爾不認同大眾的價值觀，因此導致我們的懷疑，或想要將大門深鎖。我們有時會因爲想要逃離、退縮的企圖而苦惱。我了解這些恐懼和不諒解，也聽見了人們對世界失序所發出的怒吼。但我認爲如果法國遺忘自己憂天下的志業，就永遠不再是法國了。

最重要的，我們有一段歷史。法國過去是一個殖民強國，在每個大陸都有據點。說著我們語言的，有兩億七千五百萬人；我們和非洲大陸與中東之間，有特別的關係。

我們在國際、海洋、外交與軍事上，都是強權。我們是聯合國安全理事會的五個常任理事國之一，也是英國脫歐後，常任理事國中的唯一歐盟成員。我們擁有核子武器，有派遣軍隊到世界各地的能力。這讓我們扮演著重要角色，但同時也讓我們承擔了更重大的責任。這就是爲什麼我贊成確保法國的軍事干涉符合聯合國的授權範圍，這樣會比較有效率，同時也與我們多邊主義66的歷史觀更爲契合，確保我們能夠維持平衡，這是任何一個臨時的聯盟無法實現的。

因爲法國有作爲榜樣的義務。如果我們在過去擁有某種光環，是因爲我們作爲一個非侵略性且獨立的國家而被重視，並且確實在全球贏得大量民心。當我們拒絕加入小布希（George W. Bush）和布萊爾（Tony Blair）攻打伊拉克時，就是如此。然而今天，法國的形象已經沒有那麼正面了。我們有許多爭議受到誤解，醜化了我們的形象。一部分的非洲年輕人對於我們出現在馬利（Mali）充滿了不信任；在利比亞（Libye）或是薩赫爾（Sahel）地區的干涉主義[67]則備受質疑。

我希望我們能夠一致同意，某種程度的現實主義是必要的。我們不能在不將國內事務納入考慮的情況下，就去構思一個國際行動。情況已經改變了，但政府對國際間的公

66 譯注：多邊主義（multilatéralisme）是一個同時強調國際合作、國際制度以及國家間關係協調的理論，指「兩個以上的國家進行國際合作，旨在解決國際問題，處理由於國際關係中人們所認知的或實際存在的無政府狀態所引發的衝突」。

67 譯注：干涉主義（l'interventionnisme）指一國家爲了各種不同的原因或目的，也許是爲了鞏固各國自身利益，或出於人道主義或捍衛西方共同價值觀等公私不等的因素，而干預其他國家經濟或社會結構的措施，現已成爲處理國際問題的常見模式；近年案例包含敘利亞內戰、利比亞內戰、馬利內戰等戰爭，皆可見美國、英國、法國、俄羅斯或土耳其等國的軍事干涉。

開言論卻仍一如既往，令我非常驚訝。誰能相信我們還有到處出兵介入的經費與軍事資源？法國還能繼續假裝財政有條不紊、軍事干涉總是被允許、領導人都廣受愛戴，聲譽也完美無瑕；假裝在這種情況下，還能繼續建議、教訓、偶爾甚至是譴責他人嗎？這是危險、過失與犯錯的根源，偶爾還可能讓自己顯得荒謬。爲了要有效率地行動，最重要的是保持條理分明。

然而，在另外一個極端，有太多人不願承認法國原本就有自己獨特和適當的地位。因爲他們認爲法國已經失勢，無法再站起來，或是注定要埋沒在歐盟和北大西洋公約組織裡。他們的想法也是錯的。我們必須爲全世界繼續樹立我們思考自由、人道、正義和榮耀的形象。如果我們辦不到，無法同時努力變得嚴謹、有效率、有道德，即無法要求其他國家也相同；此外，這就是爲什麼在我看來，我們不該從歐盟裡撤出行動；反而更應該貼近歐盟的框架，特別是和德國之間必要的策略性對話。法國對自己的要求也必須更嚴格，而且，老實說，必須減低對其他人的興趣。已經有太長時間以來，我們似乎更爲看重作爲軍火商或觀光業者的直接利益，再不然就是偏好沈浸在自我感覺良好的世界裡，而選擇忽略我們向來宣稱所愛的人民的眞實生活。不管過去或現在，我們一直都在支持獨裁又效率低落的政體，與我們的價值觀南轅北轍。

法國應該保持這個既獨特又獨立的地位，才能和所有人進行建設性的對話。而且，外交的本質，原本就是和可能與我們意見不同的人溝通。然而，這種對話不應該導致我們的價值觀被犧牲，或是陷入便宜行事、自鳴得意。雖然現實主義是必要的，但我們的基本原則也是：適度的謙虛並不會帶來什麼壞處。

此外，對我們而言沒什麼壞處的，還有對法國過去二十年來的軍事行動，進行盡可能客觀的分析。國會向來只在遇到醜聞或人民情緒高漲的時候，才會被迫動手。但我卻反而相信，針對組織軍事活動的籌備和過程，執行完整評估與情報監督是非常重要的。

爲了回到現在，爲了掌握我們的命運，我將我們的外在安全、以及必須盡可能抵抗的敵人——伊斯蘭國和所有可能與其相關的危險——視爲首要的關鍵。恐怖主義和政治化的激進伊斯蘭主義，在鄰近法國疆界的東方與南方蓬勃發展。面對這些區域的危機，我們的外交與軍事行動，必須因而以確保馬格雷布與地中海邊緣的安全方案，爲主要目的。

現在我們的優先，是在戰場上戰勝伊斯蘭國，尤其在摩蘇爾（Mossoul）與拉卡（Raqqa），阻止所有像是阿勒頗事件的市區大屠殺；穩定附近的地區，尤其是黎巴嫩這個距離法國的核心非常近、也經常發生戰爭和流亡的國家。我們的參與是絕對必須，也是正當的。然而，我們的軍事行動必須明確符合聯合國的規範。

但在這些國家，軍事衝突的唯一出路只能是尋求政治解答，即使只是暫時的。當戰爭區域並不存在任何政治選擇時，我對發動武裝衝突的適切性，持非常保守的態度，因爲我們於過去這十五年，不管是在伊拉克或在利比亞，都付出了代價。在這方面，面對所有發生中與尚未發生的危機，法國與我們的歐洲夥伴們都必須提高警覺。

在敘利亞，法國負起了其外交與軍事計畫的責任，但因爲種種因素，法國逐漸被孤立，特別是被俄羅斯和美國；同時，土耳其、伊朗和幾個波斯灣國家卻顧著維護自己的利益。因此，所有利益關係方之間，必須達到一個公正的平衡，才能重新建立和平。在這方面，德國的立場應該能夠啓發我們；若能明確地與德國合作，我們將獲益良多。

談到利比亞，我並不想隱藏我的不安。所有在薩赫爾地區，與伊斯蘭國或蓋達組織同一陣線的單位，都是由利比亞支援。伊斯蘭國在其他前線節節敗退，現在轉而嘗試將利比亞變成他們的後方基地；大部分的難民和移民，也都是從此地離開前往歐洲。如果利比亞受到恐怖分子控制，後果不堪設想。首當其衝的是當地居民，並將隨後增加歐洲大陸的移民壓力。利比亞將為伊斯蘭國提供後備資金，特別是其東部地帶的石油資源。最後，周圍鄰國將受到威脅，尤其是突尼西亞——自「阿拉伯之春」後仍不穩定的民主，扮演著極其重要的燈塔角色。這就是為什麼我擔任共和前進黨的黨主席時，將突尼西亞定為國外出訪的第一個目的地。我們在利比亞策劃的行動，應該要是歐洲與鄰近區域聯盟的外交行動。實際上，我們必須理解與阿爾及利亞和埃及合作的重要性；不管以短期或以中期而言，我們在這件事情上都有共同利益。

正因如此，我認為阿拉伯與地中海政策，應該重回法國外交的重心。我們必須找回我們在歷史中獨立決策的傳統；也必須知道如何與這個區域的所有行動者，長期維持必要的關係。我們和沙烏地阿拉伯與卡達，除了政治，也應該在經濟上建立關係；所有議題——包括對將此區域變得動亂的組織的支持——都必須納入討論。同時，伊朗在其經濟開放以及重返國際場域這方面，應該受到支持；當然，條件是其必須嚴格遵守在二〇一五年，針對核子計畫所簽訂的協議68。因為若將來伊朗要儲備核子武器，那麼整個禁止核武擴張的政策都會受到質疑。該區域的其他國家，例如土耳其、埃及、沙烏地阿拉伯……等，都會想要走同一條路。因此，我們應該讓伊朗了解，他們就算不特別從軍事方面著力，未來也能成爲強權。伊朗可以先得益於經濟上的強勢影響力，並擔任維護和平的重要角色。

至於以色列，則仍然是外交及經濟上的盟友。以色列是一個民主政體，我們應該確保他們確實受到保護。但同時，我們也知道長久的和平，必須涉及對巴勒斯坦政權的承認。因此，殖民政策是個錯誤，我們必須重新找回《奧斯陸協議69》的精神。關於聖地，法國因爲對一項聯合國教科文組織（UNESCO）的決議，先投票贊成、後放棄投票權而引發焦慮。該決議承認幾個同爲數個宗教聖地的穆斯林特質，卻否定這些聖地與耶路撒冷和猶太教之間的歷史連結。然而，法國本應捍衛對所有宗教的尊重，並呼籲各個宗教和平共存；現今在耶路撒冷這塊土地上所發生的卻正好相反。因此，我們應該從對這兩個聖地互不相讓的歷史辯論中走出來，而不是隨著各方的要求起舞，而陷入強硬僵化的立場中。

面對這些政權，特別是土耳其，法國能夠從強化我們的歐洲取徑，獲得更多優勢。

在土耳其身上，我們很清楚歐洲模式的吸引力，這是唯一能阻止土耳其政府偏向極權政體、並且懷疑政治自由的抗衡力量。在安全、地理和經濟的利害關係上，土耳其都不應該和歐洲分道揚鑣，因爲他們具備穩定該區域的能力。但我們也別太天眞，因爲厄多安政府[70]不會讓事情進行得這麼順利。

68譯注：二〇一五年，伊朗德黑蘭當局在與聯合國安全理事會常任會員五國及德國簽訂《聯合全面行動計畫》（Joint Comprehensive Plan of Action），根據國際《核不擴散條約》（NPT，Treaty on the Non-Proliferation of Nuclear Weapons），同意停止核子計畫換取各國解除包含金融、貿易和能源多領域的制裁，伊朗在海外被凍結的數百億美元資產也獲得解凍。然而，二〇一八年五月八日，美國總統川普宣布退出協議，恢復對伊朗的經濟與外交等制裁措施。

69譯注：一九九三年九月十三日，在當時美國柯林頓（Bill Clinton）的見證下，以色列總理拉賓（Yitzhak Rabin）與巴勒斯坦解放組織主席阿拉法特（Yasser Arafat）在白宮簽署了奧斯陸協議（The Oslo Accord），正式名稱爲《臨時自治政府安排原則宣言》（Declaration of Principles on Interim Self-Government Arrangements）。根據協議，以色列將逐步撤出加薩與部分約旦河西岸土地，交由新成立的巴勒斯坦當局（PA，Palestinian Authority）管理。以色列與巴勒斯坦當局將在五年過渡期間內，透過談判完成耶路撒冷地位歸屬、巴勒斯坦難民、猶太屯墾區、安全與邊界等爭議性議題，最後再簽署最終和平協議，結束衝突。然而，協議簽署後卻未執行，多年來以巴衝突越演越烈，美國遭控偏袒以色列，巴勒斯坦拒絕重啓談判，協議現已名存實亡。

馬格雷布顯然是一個特別的地方，因爲我們與摩洛哥、阿爾及利亞和突尼西亞有一段歷史。我們有數以百萬計的國民來自這些國家，並與其維持著強烈的聯繫。我們不應該忘了這件事。我們擁有非常堅定的共同過去，必須一起打造未來——因爲我們面臨著同樣的關鍵問題，不管是安全上、經濟上，甚至是環保上的。其中有許多問題，都必須聯合歐洲與地中海地區，作爲討論的框架。

若聲稱我們可以擬定共同的地中海政策，毫無疑問是不適切的；但如果無法理解我們繫在相同的命運之上，將會鑄成大錯。

這些國家都承受著許多不穩定的風險，我們會立即且直接地受其衝擊。

同樣地，在非洲，法國應該繼續扮演我們在過去幾年來的角色，不管是對象牙海岸、中非共和國，或是馬利。我認爲我們在聯合國的授權下，進行對象牙海岸的軍事干涉，是正面的模範；但也爲我們因爲情況還不夠穩定，而從中非共和國撤軍感到遺憾。我們很有可能在未來幾年內，仍必須重返中非共和國。

我們對馬利的出兵立竿見影，因爲他將這個國家從聖戰主義[71]手裡拯救出來。在這一點上，我要向我們在如此困難條件下奮戰的士兵致敬。

顯然我們在非洲的角色，在於和非洲軍隊與當地組織緊密合作，穩定動盪的區域。這就是歐盟有效地組織軍事訓練行動的原因。但在這個區域，我們也必須提供支援給這些選擇開放與民主的國家，因爲我們都知道非洲蘊含著強大經濟能動性的潛力。就此而言，我們應該強化和非洲的合作。

由於法國現在給出的承諾和潛在風險實在太多，我們顯然應該維持具影響力的外交、在地的活躍網絡，以及高效能和現代化的軍事設備。即使一旦決定解除哨兵行動，

70 譯注：厄多安（Recep Tayyip Erdo an，1954-），土耳其現任總統，曾於二〇〇三年擔任總理，並在二〇一四年土耳其第一次的總統直選中當選，至今已掌權十六年。厄多安執政後，直至敘利亞爆發內戰前，土耳其與敘利亞關係良好。然而在敘利亞內戰開始後，厄多安政府支持敘利亞叛軍對抗阿薩德政府，同時又敵視興起於敘利亞北部的敘利亞庫爾德族武裝，該組織由美國支持，也親近土耳其庫德工人黨。土耳其也被批評暗中包庇縱容伊斯蘭國恐怖分子，自二〇一五年起，厄多安政府就多次以反恐之名派軍進駐，誓言「解放」敘利亞，與西方國家立場相左，進一步加劇與西方國家的緊張關係。

71 譯注：聖戰主義（Jihadism）是聖戰運動（jihadist movement或jihadi movement）及其各種分支的統稱，也包含所有在伊斯蘭原教旨主義中追求聖戰的思潮。此術語出現於二〇〇〇年代，最初用來描述一九八〇至九〇年代間，伊斯蘭恐怖主義的各種作爲。

我們將來幾年的軍隊規模都不應該縮減，甚至還應該更進一步，考慮以同等的努力採用勸阻戰略（dissuasion），並且不計代價維持，因爲那才是我們最終的保護傘。

我們的國際安全深深仰賴美國和俄羅斯所選擇的策略。因爲俄羅斯在中東地區的地位越來越重要；而自第二次世界大戰起，美國就把此區域設定爲主要戰場，我們因而受惠了幾次。

俄羅斯也是歐洲的一部分，我們想要和他們維持怎樣的關係？我們想要重回像七十年以前的冷戰時期那樣，維持勢不兩立的陣營嗎？和現在這個強權之間，我們眞的想繼續經營這種呈現對峙狀態、有點模糊又有點矛盾的關係嗎？

我們必須重新建立和俄羅斯的關係。我們不會盲目追隨美國，不管他們在川普當選後成了什麼樣子——實際上，歐盟已經被迫配合好幾個月了；即便法國有些右派分子偏向這個立場，我們也不能和一個有可議之處的政體勾結。

我將努力讓彼此能夠頻繁且誠實的對話。克里米亞半島的問題，不是短時間就能解決得了。我們應該和俄羅斯一起努力，穩定他們與烏克蘭的關係，讓雙方得以逐漸削弱對彼此的制裁。爲了重新恢復該區域的安全，我們必須在中東議題上找到共識。歐洲在將來的幾個月必須極度警覺，避免俄羅斯採取任何積極的行動；這可能是將川普當選視為美國對歐洲已經沒那麼有興趣的徵兆。

我們和俄羅斯共享同一塊大陸、一段歷史，甚至是文學。屠格涅夫（Tourgueniev）曾在法國生活，普希金（Pouchkine）熱愛我們的國家，契訶夫（Tchekhov）和托爾斯泰（Tolstoï）在這裡影響深遠。我們一起對抗了世界史上最可怕的兩次衝突。然而，俄羅斯的看法卻又不完全與我們的相符。這是我們要去考慮的。但若我們切斷和這個東歐強權之間的聯繫，而不是與其建立歷久不衰的關係，可能是個錯誤。不管在對抗恐怖主義，或是在能源產業的領域，我們都擁有足以建立良好合作關係的條件。

在這種情境下，法美關係從來沒有這麼穩固過。我們因為捍衛人權而緊密連結，也都以世界穩定作為我們的共同利益。二〇一六年十一月，唐納・川普當選總統時，很多事情似乎岌岌可危。沒人知道怎麼去理解這次選舉的結果，但顯而易見的是，在歐巴馬時代，美國和歐洲檯面下的緊張，在敘利亞危機上已經具體化。

歐巴馬的亞洲政策，相較於歐洲政策要重要得多；比起之前，這是一個重大的方向轉變；即使新政府持續朝轉變的方向前進，我們卻也才剛開始察覺到其結果而已。同樣地，美國正處於從中東地區及其他危機地帶退出的階段，然而，這卻是他們這半個世紀以來，最主要的軍事投入之一。歐巴馬在中東地區的路線很單純：讓該區域的在地行動者負起責任，不再爲了和解採取任何措施，或擔任任何要角。在美國決定從阿富汗及伊拉克撤軍之後，只要對他們沒有確切的直接威脅，美國就不會再加以干涉。

我們當然必須繼續維持緊密的合作。在許多戰事現場，美國的情報設備以及軍事支援能夠爲法國所用。美國也確實感覺到薩赫爾地區十分危險，雙方在此區域的合作是不可或缺的，例如在情報上的合作。

無論如何，對位於大西洋兩邊的美國和歐洲來說，雙方有必須釐清、重新評估、重新建立與重新投資的議題。從這方面來看，監聽是難以容忍的行爲。被授權監聽的單位徒然發現內容都是枝微末節，以情報層級來說也沒有什麼驚人的斬獲，但當案情牽涉到各國總統時，對我來說特別令人震驚。

法國正處於攸關全球未來的決定性時刻；一切都有賴我們與歐盟和美國之間的關係。最重要的，是不是從戰後就開始支持人權政策與和平調解，以構成所謂西方世界的大西洋軸線？我如此深信。但這也意味著我們關係的重新平衡，因其決定我們保護自己國民的能力。在我寫這本書的同時，美國的政治生命因爲川普當選總統，而邁向了全新的景象。沒人知道他最初的幾個決策會是什麼，但我知道至少他們都會受限於現實情況，就像他的前幾任總統一樣。該是時候發揚我們的想法，也輪到我們在這次的全球轉變中，全力以赴了。

比起過去，我們現在更應該策劃歐洲在外交及軍事方面的十年策略；因爲西歐會越來越需要爲了自我防衛而孤軍奮戰。因此，身爲歐洲第一軍事強權的我們，必須與我們的歐洲戰友，包括英國、德國，一起在軍事上合作，並將我們之間的連結納入考量，繼續作爲彼此的策略夥伴。面對鄰近區域的危險，及考慮到俄羅斯與美國的新立場與不確定性，我們必須以更加獨立的方式，實踐我們的集體安全。

爲了掌握自己的命運，我們的第二個行動方向，應該涵蓋我們在世界各地的商業、經濟與文化行動。這對使法國和歐洲擁有眞正的影響力、避免一些可能危害我國的偏差思想，是非常重要的關鍵；如此也是爲了讓我們的藝術家、學校、企業、創意，能夠在全球發光發熱。

法國在這方面有強大的優勢，也擁有至今仍非常有力的完備外交網絡。在這裡，我想告訴大家一件我堅信的事，但與多年來的決策都背道而馳——那就是維持我們的獎學金制度、文化中心和學校，向來都比保有外交據點重要。當然，維持外交網絡是必要的，但當法國的文化影響力只能靠自己發揮時，我們也能發展出一種更適合歐洲的方式；在與一個國家接觸時凸顯出法國存在的，正是文化。

在我造訪突尼西亞時，我非常驚訝能和政治及文化的負責人士有這麼多的交流。他們的模式全都是法國的，對法語的使用也能完美地掌握。在他們的回憶裡栩栩如生的，是那些和法國藝術家、作家或電影工作者共度的珍貴時光。

然而，我們在過去十五年來，從發揚法語文化的政策退縮，也對在國外推廣藝術興趣缺缺——我也思忖著這些作為所造成的損害。當法國在文化上光芒四射的時候、支持推廣法語及其語言多元性的時候、對各大洲的學生都發給獎學金的時候、讓位於幾千公里外的另一個大陸，能夠在交流、好奇與互惠的精神中，嘗到一點法國滋味的時候，法國是為自己，也為全世界敞開了懷抱。因為這些藉此建構的相互連結，不管是對法國人、或是對我們全球的戰友來說，就像是抵禦無知、甚至是野蠻的城牆，也像緊緊纏繞著我們與他國公民的線。

因此，我將非洲視爲一個充滿希望的大陸，我們應該在那裡重申、並且再次施展我們的抱負。

我們的存在不能局限於軍事與政治的行動。從今而後，我們應該做的更多，應該讓非洲各地的企業家和中產階級得以蓬勃發展。這會是非洲民主長久穩定的最好方式。關於這一點，于貝爾・韋德里納、李歐奈爾・津蘇、哈基姆・卡胡伊、尚米歇爾・塞韋利諾和譚天忠在二〇一三年所撰寫的報告[72]，到現在仍然非常中肯。這構成了我想在非洲得以實踐的策略性行動的核心。傳統上，我們在非洲經濟方面的參與，都是建立在和各

72 譯注：二〇一三年十二月，非洲和平與安全高峰會於巴黎艾麗榭宮召開，會中提出的一份報告《未來的夥伴：建立非洲與法國間新動態經濟的十五項提案》（Un partenariat pour l'avenir : 15 propositions pour une nouvelle dynamique économique entre l'Afrique et la France），是于貝爾・韋德里納（Hubert Védrine）、李歐奈爾・津蘇（Lionel Zinsou）、哈基姆・卡胡伊（Hakim El Karoui）、尚米歇爾・塞韋利諾（Jean-Michel Severino）和譚天忠（Tidjane Thiam）共同爲法國經濟財政部撰寫的。

國政府有限的連結上，尤其是在原料產業及國內建設。我們的參與在不透明的條件下發展，並不能有效率地對抗各方的腐敗，也無法盡可能讓最多的非洲人民，受益於這段關係所帶來的正面效果。

今天，新的商業精英階層正在興起，驅動著中產階級與所有非洲國家的人口。藉由和這個新世代建立連結，我們應該以平衡、而不是帶著優越感的方式，強化我們和非洲在未來十年的關係。

至於那些曾和我們有過一段歷史、特殊連結，或是獨特文化、商業或工業交流的國家，我在這裡就不再一一細數了。從巴西、阿根廷、哥倫比亞、智利、日本、南韓、中國，以及正在歷經重大轉變的印度；他們正強化與法國、澳洲之間各方面的關係，我們才剛簽訂幾份重要合約[73]而已。

當然，中國在這名單上，占據了一個特別的位置。這是一個正在變成全球最大經濟體的強權。我們有很多國民對中國幾乎一無所知，仍然將其視爲世界工廠，是一個以低成本生產製造的國家，也是法國去工業化及工廠去在地化的原因。然而，中國已經遠超過如此了，這就是爲什麼我們必須改變看待他們的方式。中國不是一定要被視爲威脅，正好相反；如果我們知道如何從中找到方法的話，中國可能會是一個機會。

法國及法國企業有能力回應中國必須面對的關鍵挑戰（都市發展、能源需求，以及污染防治），也與其有些長期的合作關係，例如核能產業。

法國與中國還有將雙方緊密聯繫在一起的獨特關係：中國的領導人，永遠不會忘記法國是第一個承認中華人民共和國的西方國家。

然而，爲了在瞬息萬變的全球化中成功，我們仍然需要歐洲。過去的三十年，世界已經徹底改變了。就某方面而言，由於新興的經濟與商業強權，法國已經越來越渺小。捍衛我們的偏好與價值觀的最好方法，就是擁有一個有效率的歐洲政策，特別是共同商業政策。只有歐洲才能以可信且有效率的方式，和中國或美國交涉。因此，我不認爲在未來幾年，法國正在和美國協商的自由貿易協定會有所進展。相反地，我們可能受益於

73 譯注：二〇一六年九月，印度與法國雙方國防部長簽訂購入三十六架法國飆風戰鬥機（le Rafale）的合約，總金額高達七十九億歐元。

積極商業策略的運用，以及進行和亞太地區的交涉，並因此得以避免讓美國處於主宰的地位。歐盟也是一個我們必須注重數位監管的地方；不管是關於經濟資料的評估，或是對個人隱私的保護，法國都必須確保我們的選擇被納入考量。

我們第三個行動的方向，應該要更文明。我們必須思考一種新的人道主義。我相信對許多人而言，全球化就等於「機會」。但同時，全球化也開始墮落，因爲過度的金融資本主義，已經不是我們的民族國家所規範得了的。第二次世界大戰後，《布列敦森林協定[74]》發明了爲建立新的金融及貨幣平衡所必須的金融規範，並且沿用了一段時間。二十國集團集結了全球最大的二十個經濟體，在二〇〇八年的金融危機後重新復甦，卻也沒有辦法確實駕馭這些脫序。

然而今天，我們的世界資本主義在已開發國家中，造成了前所未見的不平等。自一九八〇年代起，西方經濟的中產階級，是這個歷史轉變的最大犧牲者。一開始，這些新興經濟的新精英與中產階級受益於經濟成長；但在過去的二十五年，金字塔頂端那百分之一的人，不停地累積他們的財富。

國際資本主義已經沒辦法自我調節了，爲此目的而創設的機關也束手無策。然而，不管是金融危機、全球化的犧牲品、氣候暖化的受害者、對生物多樣性的破壞，法國都必須挺身而戰，讓我們能夠預見、提防，並參與國際規則的修改；最後，是讓當代資本主義變得更具人道精神。

我不知道我們辦不辦得到。而且我也不知道現行的資本主義是不是就是因爲「過度」這個原因，正步入晚年。我所相信的，反而是法國必須堅定自己最根本的行動，在全球化的浪潮中，發揚人類的價值。法國具備了一切，我們的歷史、基本原則，以及長處……等。除了環保的戰役之外，我們還必須以更加堅定的決心，來領導一場強化國際規範之戰，約束所有形式的不透明投資，繼續監督全球金融主管的收入，並且振興社會

74 譯注：一九四四年七月，全球大部分國家加入以美元作爲國際貨幣中心的貨幣體系，四十四個國家的代表在美國召開布列敦森林會議，會議主旨爲聯合國及盟國貨幣金融，布列敦森林體系（Bretton Woods System）正式形成。會議中簽訂的《布列敦森林協定》明定須成立世界銀行及國際貨幣基金組織，制定許多金融規範，以調節各國貨幣的平衡與國際收支等等。之後因爲多次爆發美元危機與美國經濟危機、制度本身不可解決的矛盾性，維持二十九年的布列敦森林體系於一九七三年宣告結束。

與環境責任的守則。我們行動的規模必須要是世界性的，這樣才能有所成效。想要單打獨鬥是不切實際的。二十國集團是一個正確的框架，但法國必須和歐盟一起，提出一個明確且積極的執行時程。

我也相信我們應該在歐洲和全球層級，對抗逃漏稅與金融詐欺。過去幾年，歐盟和經濟合作暨發展組織（OECD）在要求更高的透明性上，已經有長足的進展，然而，數位發展促進、甚至激勵了價值觀的轉移，也因此導致行爲的改變。在這方面，我們也必須要採取清楚、強勢的措施。首先應該將歐元區所有國家對於公司稅的課徵，納入國際稅收徵收管理合作中。這將花費十至十五年的時間，但這樣的歸併是無可避免的。

接著，我們必須重新協商歐盟各國與免稅天堂現行的所有稅務相關合約。最後，強制規定所有商業合約都必須附加稅務合作協定，以對抗合法避稅與逃稅行爲。可課稅金額不能因爲資金需要重新分配、運用，就藉由資本流動而消失無蹤；如此一來，商業開放才能獲得政治上的支持。

二〇一七年底，各西方強國將產生新的領導人。我們必須盡力，以確保到二〇二〇年時，我們能夠確立全球化新規則的基礎。這並不是一場爲了「阻撓」、或單純爲了

「保守」的戰役，而是爲對抗破壞性的過度行爲而戰；這是爲了我們共同的未來。

最終，我們正在經歷的，毫無疑問是世界秩序的改變。有些人傾向將其視爲西方時代的結束，而偏向另外一種權力關係。我們始終如一的回應，是盡可能讓全球化變得文明，並且讓我們的行動，在變得更爲關鍵的歐洲中心札根。

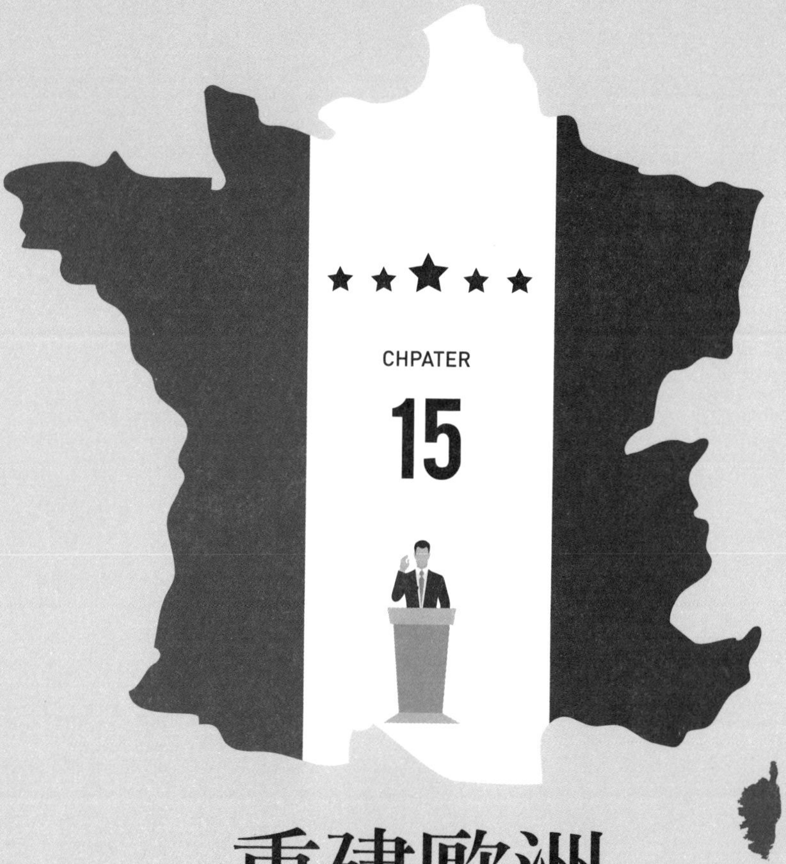

重建歐洲

爲了重新掌握我們的命運，我們需要歐洲。

多年來，我們的政治領導人一直說服我們歐洲才是癥結所在，是萬惡的根源。該不該在這裡稍微提醒大家，歐洲就是我們？我們的地理與歷史，位於歐洲的中心；我們造就了這裡，也選擇了這裡。我們指派這裡的代表。我們可以斬釘截鐵地說，選法國的總統，就等於選擇在歐洲議會上，代表法國出席的人。

當我看著這個偌大的世界時，確信了兩件事：將我們團結成歐洲的因子，比分裂我們的更強；若無法理解這件事，那麼我們在面對中國或美國時，得以保有重要地位的機會微乎其微。

追根究底，我們是誰的繼承人？

以構成政治場域的歷史來說，歐盟還很年輕，只有六十五歲；然而，整體感覺起來卻已經精疲力盡了。隨著幾十年過去，創始之父的計畫陷入官僚的困境中，迷失在協議裡，因爲缺乏遠見而誤入歧途。

創建歐盟的計畫根基於三個承諾上：和平、繁榮，以及自由的承諾。一個極度法國的計畫。

歐盟的建構是**和平**的產物，也更鞏固了和平。幾十年間，這裡讓幾百萬歐洲人的和平夢成眞。我們當中有許多人，因而能夠相信衝突已經消失，也因此忘記什麼才是這塊大陸的眞實歷史。因爲歐洲的夢想，一直以來都是帝國、戰爭聯盟的夢——從凱薩大帝、查理曼大帝（Charlemagne）、拿破崙，直到希特勒的悲劇。我們永遠不能漠然置之，在這塊土地上，戰爭是我們的過去；但如果我們無法打造一個自由歐洲，戰爭可能就是我們的未來。這是我們第一次能夠以和平民主來團結這塊土地。我們的歐洲夢成型爲一種前所未見的型態，是非霸權的結構，設想目的是爲了讓比鄰的人們，終於能在兩次戰爭的悲劇之後，生活在和平裡；從這些戰爭導致的精神創傷中回復也同等重要——猶太人種族滅絕和大屠殺，本身就是對西方理想的背叛。

接下來，**繁榮**的歐洲是另一個最初的承諾。歐洲遭到戰爭毀壞之後，也只能構思一個以重振經濟爲目的的共同計畫。即使情況艱難，還是成功打造了一種全球無人能及的社會與經濟模式。

最後，是**自由**的歐洲。最首要的，就是人民和物品移動的自由，例如申根區、歐盟交換學生計畫（Erasmus，伊拉斯莫斯計畫）、歐元的流通使用、以及消除藩籬——從銀行手續費到手機的漫遊費用——具體展現了歐洲的能動性。

對歐洲人而言，這三個最基礎的承諾，現今似乎都已遭到背棄。和平的承諾遭到削弱。敘利亞、利比亞與烏克蘭危機，六十年來前所未見的人口大遷徙；最重要的，是反覆發生在我們國內的恐怖攻擊——這讓我們清楚看見，歷史的延續性並沒有被打斷，對我們來說，戰爭和衝突並不是過去式。

繁榮的承諾遭到背棄。歐洲仍然深陷於萎靡不振的微幅成長中。我就是這樣，自從開始意識到世界事務起，就一直聽到人們談論危機。到今天，歐元區每五名年輕人就有一個失業。在這樣的情況下，歐盟還能引發什麼年輕世代對他們的歸屬感？在歐元疲弱不振時，雖然歐盟知道如何正面處理，但我們必須坦承，緊縮並不是長久之計，降低負債也不會構成一項有抱負的政治目標。

最後，自由的承諾被弱化了。尤其是行動自由，因爲經濟因素、面對移民潮的社會議題及恐怖威脅的安全問題，每天都備受懷疑。更普遍來說，因爲居高不下的失業率，加上不平等情形的惡化，導致人們拒絕開放，想要退回自己的世界裡。

這三個承諾不應該受質疑，他們構築的向來都是一個光明的未來。但若我們自我退縮，這樣的未來就不會實現。

到底發生了什麼事？

歐盟會變得軟弱無力，是我們所有人的錯。今天，我們到處都能察覺到歐盟的想法及做法已經是山窮水盡。這整個系統已經死去，無法運作了。各國總統和政府的高峰會變成一場滑稽秀，他們關起門來，重複宣揚著偉大的信條，在宣言中改幾個詞，免得聽起來和上次高峰會的一模一樣。這是一個與世界、與現實都脫節的系統。我記得前幾個月在布列塔尼遇見的農夫是怎麼說的？他們並不是要和歐盟作對、甚至反對對我們而言很重要的共同農業政策；但他們告訴我，他們反對過度的法規，反對拘泥於枝微末節的官僚，也反對並非以在地為出發點而思考的干涉主義，這和他們的現實需求相去甚遠。

歐盟的創始者相信經濟合作自然會產生政治合作，且單一市場或統一貨幣，也許得以催生單一的歐洲國家。半個世紀後，現實驅散了這樣的幻想，政治上統一的歐洲並沒有發生，甚至還因為我們的集體罪行而日漸衰落。

最主要的，還是因為我們希望削弱歐洲的力量。許多年來，各國總統和政府都想盡辦法削弱歐盟管理階層的權力。

他們決定成立一個有二十八名委員的委員會，這是行不通的。而且，我們顯然必須重新檢視委員會的組織，才能找回雅克・德洛爾[75]（Jacques Delors）所帶領的歐盟執行委員會時，那種眞正的平權合作與效率。

歐盟漸漸因爲各種程序，放棄了他們的願景，也混淆了目標，將實現「歐洲聯盟」這件事，和其科技上、貨幣上、司法上、制度上的方法混淆了。最後，這個問題就和其他問題一樣，我們選擇沈默與逃避，而不是解決；我們的本能反應就是把所有的問題歸咎於歐盟，但又認爲只要對歐盟執委會的角色、或爲何有那麼多執行委員產生質疑，就表示你是一個不合格的歐洲公民。

對法國人來說，分界點在二〇〇五年。我們在那年舉行了公投[76]，確定這樣的歐盟，也許已經不再是我們的歐盟了。開始變得過於只重視自由，與我們的價値觀漸行漸遠。實際上，如果考慮到法國傳統以來從歐盟獲得的益處，例如農業；或者以像是移民這樣的新挑戰來說，歐盟甚至就開始具有威脅性。

這些負面觀感從二〇〇五年的公投以來與日俱增，因爲歐盟的捍衛者只是充滿痛苦地否認公投結果，卻否定因爲公投結果所受的創傷，一味逃離思辨的場域。希臘的貨幣危機揭露了一樣的逃避責任，在到處被宣揚的世界末日和粉飾太平的協商之間，歐洲的政治精英卻對事關重大的討論置之不理。

歐盟因爲缺乏有責任感的人，而每況愈下。法國人也是一樣，我們太常堅信要捍衛國家利益，就意味著必須擺脫我們也貢獻了一份力量的歐盟法規。甚至，當歐盟政策缺

75譯注：德洛爾（Jacques Delors，1925-）自一九八五年起至一九九五年止，連續擔任了十年的歐盟執行委員會主席。他認爲「歐洲社會模式」是一個平衡經濟成長和社會分配的社會模型，就任首年即發表白皮書，主張盡可能於七年之中，消除歐洲經濟共同體內妨礙自由流通的實質性、技術性與稅務相關之障礙，目的在於刺激歐洲單一市場內部貿易成長與工業活動的加速成長，造就一個龐大且統一的經濟規模，使其有能力與美國抗衡。

76譯注：法國於二〇〇五年五月二十九日舉行《歐盟憲法草案》的公投，結果有百分之五十五的選民投票反對；此次法國選民前所未有的以公民投票拒絕《歐盟憲法草案》，除因對其內容的不信任之外，同時也想藉此表達對政府與總統的不滿。此舉不但弱化法國在歐盟的角色，同時對當時總統席哈克（Jacques Chirac，1932-）的形象與歷史地位也帶來負面影響，並對法國的政治生態與政黨政治帶來衝擊。

乏眞正的監督時，我們的立場也遭到動搖。值得注意的是，在缺乏適當決策機關的情況下，歐盟根本未曾有過眞正的政治辯論，做出讓幾個國家貨幣統一的決策，而使得大家過著超出能力的生活；同時，卻也可能讓他們陷入財務上的險境——例如希臘、義大利、西班牙、葡萄牙，還有法國自己。

我們必須時時監督與檢討歐盟領導階級的決定、行政習慣、法規的激增，以及輔助性原則的運用不足。今天，歐盟的機構是經不起這種檢驗的。

廣泛來說，他們也無法有效地捍衛創建歐盟的那些——遠遠凌駕於經濟之上的——價值。沒人料得到人道主義在其中居然只占一小部分。我一直都在支持希臘政府的努力，以保留其在歐元區的地位。然而，歐盟的協商者卻從來沒有任何時候，認爲提醒希臘政府遵守歐盟法規是必須的；最近幾年，他們顯然都選擇忽視，特別是關於庇護權的法規——我對此訝異不已。匈牙利政府近期的一些決策77也對歐盟的創建守則造成威脅，但我們蜂擁參加的高峰會，以此爲討論的主題只有十分之一；然而，我們面臨的是納稅人的錢、或是銀行的財政體質卻正危在旦夕。我們不應該默許這樣的妥協。

最後，當歐盟接受自己因循守舊、缺乏願景而分崩離析時，他們也是在削弱自己的力量。二〇一六年二月，看到歐盟對英國勒索的讓步，與英國達成讓其予取予求的協議，我們還能說什麼？

由於上述所有理由，我認爲甫結束的這十年，是失落的十年。

而且，「英國脫歐」是這次危機的名稱，也是歐洲已經枯竭的徵兆。但我們還是盼望——這就是我們改革主義者的責任了——這也是一次必要改革的開始。

英國脫歐不是一個自我中心的行動。我們永遠不該責備哪個人投錯票了，這一點意

77譯注：匈牙利政府自現任總理奧班（Viktor Orbán，1963-）於二〇一〇年就任後不久，即跟隨盟友波蘭的腳步，一再嘗試削弱司法獨立、加強控制媒體以及攻擊公民社會。奧班政府解散了當時的司法委員會，並安插其親信管理監察委員會，以執行監督法院以及任命法官的權責。二〇一一年四月，奧班所領導的青年民主主義者聯盟（Fidesz）通過新憲法，閹割憲法法庭的權力，並由該黨提名親政府法官就任。終審法院原本的主席，在新憲法「起碼五年的匈牙利國家法院經驗」的要求下，無視其在歐洲人權法院十七年的經驗，被逼離職；普通法院的法官退休年齡，更一下子由七十歲降到六十二歲，當時超過兩百位法官被逼離開崗位。之後幾年，匈牙利對於公民社會壓迫包括以國安理由打壓非營利組織、企圖關閉國際間享負盛名的中歐大學（Central European University），以及試圖強行通過帶有極強反猶意識形態色彩的《反索羅斯法》。

義也沒有。當然比起正面面對問題，貝爾托・布萊希特（Bertolt Brecht）所說的「解散人民」會更容易；但我還是想要解決問題。

英國脫歐顯示出的，是一種被保護的需求。這展現出一種抗拒，抗拒英國政府本身所捍衛的社會模式。他們抗拒一個鼓吹開放的社會；那個社會毫不在乎如果過於急著開放，將導致對產業、經濟與社會的必然破壞。這反映出英國政治人物的弱點，在說明脫歐將是個悲劇之前，就找到歐盟作爲其代罪羔羊。這件事也代表著一場失敗的公共辯論，在專家的傲慢和煽動群眾的政客謊言中一起毀滅。

從這層意義來看，英國脫歐不只是英國的危機而已，而是整個歐洲的危機。這是一個警訊，一個對所有會員國、對所有拒絕面對全球化負面效果的人，所發出的警訊。因爲我們的社會都恰好被一分爲二：分別是擁護開放，以及支持閉關的人。看看德國的區域性選舉、義大利的地方選舉、奧地利的總統選舉，和波蘭與匈牙利這種稍微極端的例子；當然還有在法國本土，國民陣線的扶搖直上——所有的選舉都顯現出這種分裂。

所以，我們必須回到歐洲本身——從其根源重新開始。

我們要怎麼讓歐洲起死回生？在面對懷疑主義的聲勢日漸高漲的情況下，要怎麼帶動這樣的政策？

我們應該重新建立對歐洲的願望——一個和平、和解以及發展的計畫。沒有什麼比擬定計畫更困難的，因為這很快就會受到每個人的意念影響。

為此，我們不應該從細節或複雜又官僚的解決方式著手，而是建構一份名符其實的政策規畫。對許多歐洲國家來說，歐洲不只是一個市場，而是賦予某些人性的思想、行動與發展的自由，以及社會正義能夠受到肯定的空間；各國應該再次把握這個計畫，並據以自我組織。多年來，德洛爾都抱持著這樣的哲學。他回到法國，開始草創這個計畫，並和德國、義大利及其他一些能夠共同扶持歐洲、讓他重新站起來的國家合作。

我們必須以三個概念為核心，來打造這個歐洲計畫：**主權性，對未來的領略**，以及**民主**。

我們得從接受我們的問題開始。今天，裂痕存在於擁護開放，與支持閉關的人之間。我們作為改革主義者與進步主義者，必須承擔社會的開放，以及歐洲的選擇。

在今天，作爲一個進步主義者，代表我們與全球的關係並非與世隔絕；而是去了解，如果我們自己退縮在小世界裡，會得不償失。這也代表去說服其他人，除非伴隨著保護政策，否則這樣的開放是無法長久的，也就是確保開放能爲所有會員國裡的每位公民帶來利益。

然而，我們混淆了獨立主義與民族主義。我會說，眞正的主權主義者是擁護歐洲的；歐洲是我們收復完整主權的機會。我們在討論的究竟是什麼？在這裡，我們也必須回到詞語本身的涵義，來釐清這些概念。主權性指的是一國的人民，能夠在他們的國土上，自由行使他們集體做出的決定。擁有主權，就是能夠有效行動。

面對這一刻的重大挑戰，提出各國應該各自爲政、重新開始，純粹就只是一個幻想、一種錯誤。面對移民潮，面對國際恐怖主義的威脅，面對氣候變遷及數位轉變，面對美國或中國這樣的經濟強權——整個歐盟才是最適當的行動層級。

誰會認眞相信我們憑一己之力，就能夠控管來自北非或中東的移民潮，規範北美的數位平台巨人，回應氣候暖化的關鍵，甚至協商和美國或中國的平衡貿易協定？未來幾年，在這些不同的領域中，我們必須和二十六個歐盟成員國一同前進。讓我們在移民潮這個高度涉及國家主權的議題上稍做停留。面對越來越全球化的威脅，我們更應該以歐洲為規模來強化防備。有些人提出只要將重點轉移回邊界，應該就可以確保真正的安全；但這根本不切實際。他們所想的，是我們將在國界重新布署軍隊嗎？還是對德國、比利時、西班牙或義大利關閉我們的國界？這是我們想要的嗎？尤其，在過去幾個月，許多對我們的國家採取攻擊行動的恐怖分子正是法國人，也生活在法國與比利時。

以安全而言，我們與歐洲各國的利害關係完全一致。然而，我們必須強化我們的行動，以及建立一個真正的政策——目前是二十八國、將來是二十七國成員共同推行的政策。這意味著投資在海岸及邊境守備的共同軍力上，以及打造一個貨真價實的共同身分證件系統。因為不管是誰，只要到了萊斯博斯島（Lesbos）[78]或蘭佩杜薩島（Lampedusa）[79]，就有可能進入法國。然而，我們今天所謂的歐盟邊境管理局

78 譯注：萊斯博斯島（Lesbos）為希臘第三大島，位於北愛琴海，地理位置極近土耳其，與土耳其本土僅隔十數公里海洋。

79 譯注：蘭佩杜薩島（Lampedusa）為義大利最南端的島嶼，與其最近的非洲國家為突尼西亞，距離百餘公里；由於位置接近非洲大陸，而成為非洲非法移民或難民進入歐洲的中繼站。

（Frontex），除非有國家要求，否則不得干涉，而且其資源非常有限；此外，各國國家機構之間也缺乏合作。

在現今，邊界的問題非常重要，但我們更需要以適切的層級處理，並且給自己保護我們歐洲邊界的資源，這才是正確的解答。

要讓這個安全策略奏效，意味著我們必須和其他國家合作，並且首先將衝突地帶和移民者的來源國納入考量。只要涉及難民，歐盟應該要建構其針對來源國的策略。歐洲所犯的錯誤，在於沒有在危機開始之前，就先實行這樣的政策。接著，我們必須規劃一個合作政策，協助這些來源國的發展，讓他們能夠自己處理難民潮，尤其是在敘利亞衝突地帶的鄰近區域。這裡也是一樣，當幾百萬個難民被困在這些國家時也出了錯。聯合國要求歐盟協助，歐盟卻毫無行動，也因此無法預防，以致於在接下來的幾個月，我們必須重啓和英國之間在移民這個議題上的合作。目前英國在財務方面的支援還是不足，法國無法獨力挑起難民營的重擔。甚至在這樣的財務參與以外，英國還必須接受和歐盟一起，處理歐盟邊界的難民問題。

在這些議題上，歐洲才是捍衛主權性的適當層級。

讓我們另外舉商業爲例。因爲擁有主權的歐洲就能夠規範自由貿易，並且讓全球化變得更加人性。身爲經濟部長，我投入這場捍衛法國鋼鐵工業的戰役，來抵抗不公平的競爭。我偶爾也單打獨鬥，努力鼓吹商業政策應該屬於歐洲的共同議題，尤其是和加拿大之間的協定；因爲團結起來，我們會更強大。面對中國，法國憑一己之力，能有什麼保護措施？這樣類型的國家，和我們成爲盟友共同協商時，又能談出哪些對我們有利的商業協定？然而，若要歐盟有能力處理自由貿易協定，相對不可或缺的，就是在歐洲議會或是各國國會中，更前期、更規律的公民參與；這也表示他們越來越透明；尤其，面對不正當的競爭行爲，我們也能藉此提供更有效的保障。我贊成強化反傾銷的措施，應該要更迅速、更具力道，就像在美國一樣。我們也應該以歐洲爲基礎，在一些策略性領域實施對外資的控管，以保護對我們的主權來說十分重要的工業，也確保歐洲能夠掌握關鍵科技。

既然我們選擇了歐盟，並且接受此決定的任何結果，就能依此在全球化中，建構我們自己的地位，並且能夠獲得合理的保護。我們應該以此爲核心，重新爲歐盟建立基礎。

接著，歐盟應該建構在對未來的領略上，也就是一份重新啓動的共同抱負。

今天的歐盟，特別是歐元區，因爲缺乏抱負而日漸消沈。我們因懷疑而動彈不得，這是過去的危機所造成的結果。然而，我們需要一個新志向，以歐盟作爲行動主體的投資政策。

在這方面，我們到處都聽得到歐元是個錯誤——我們因爲歐元而得到的好處，未免也被遺忘得太快了。這保護我們免於受貨幣浮動的影響，促進歐元區內的交易，也讓我們能在以歷史來說較占優勢的情況下，獲得財務支援。相反地，我們應該承認，歐元區並沒有完全達成才是眞正的錯誤。

今天，歐元的疲弱是因爲各國經濟模式之間的差異越來越大，經濟沒有復甦的跡象，也缺乏公共與私人的投資。以前，因爲缺乏一個眞正的領航政策，歐元所導致的，是其反而強調了歐元區內各國經濟模式的差異，而不是使之趨於一致。當面臨空前未有的危機時，最脆弱的經濟模式會最先瓦解，各國則面臨債務危機。今天，因爲沒有一個以歐元區爲中心的指引策略，許多歐洲國家雖建立了前所未見的嚴格政策，但日積月累的失衡仍需要時間來導正。即便我們應該藉由對其成長必不可少的投資，來重新推動整個歐元區，但繼續主導的，仍然是嚴格的預算。五年來，歐洲中央銀行已經盡其所能，要是沒有他們果決的行動，我們的經濟必然會衰退。

我的提議是另立一筆專屬於歐元區的經費，來補助共同的投資，協助情況最嚴峻的國家，以及應對危機。由於歐元區的各個國家負債程度皆不相同，我們因而有經費來進行本計畫。

爲此，我們需要一個負責人：一個歐元區的財政部長。他負責決定這筆預算運用的優先順序，並且優先支持正在進行改革的國家。他將對歐元區的議會負責，集合區內所有的國家代表，一個月至少開一次會，來確保眞正的民主監督。

同時，我們必須一起決定，重新檢視遊戲規則，來施行一個最適當的經濟政策。歐元區的投資並沒有回到經濟危機前的水準，但沒有任何國家應該因此犧牲未來。我們應該盡快執行歐洲投資計畫，一個是以補助爲主，而不是借貸或保證金的制度，比現行的「榮科計畫[80]」（Plan Juncker）有力得多。此計畫應該補助光纖設備、可再生能源、能源儲存與傳輸技術、教育、培訓及研究的必要投資。所有對此計畫會有所貢獻的未來投資，必須被排除在《歐盟穩定暨成長協定[81]》所規定的負債或違約行爲之外。

在這一點上，法國肩負著重大責任。若我們想說服我們的德國夥伴前進，就必須從自身開始進行變革。現今的德國抱持著一種觀望主義，因爲對我們的不信任，而阻擋了許多歐盟的計畫。我們背叛了德國兩次——二〇〇三至二〇〇四年間進行的基金改革，只有德國走在最前面；在二〇〇七年，又單方面停止德法共同主導的公共支出刪減的議題。接著在二〇一三年，又爲了爭取時間，而沒有採取足夠的行動。這也是目前德國大量增加超額預算的原因；不管對他們自己或對歐洲整體，都有弊無利。我們絕不能忘記法國在歐洲居於領導地位，但也意味著我們必須以身作則。

既然如此，對我而言，前進的道路似乎變得非常明確。在二〇一七年夏天，我們應該提出國家現代化的改革策略，以及降低經常支出的五年計畫，並且儘快付諸實踐。相對地，我們必須要求德國國內進行眞正的預算重整。歐元區必須有統一的預算，以及整體歐元區對未來的投資，需要經過區內所有國家的授權——在這兩件事情上，德國必須與我們齊頭並進。

如果我們想要打造一個結合團結一致與責任感的經濟強權，則必須以國家爲行動主體進行改革；但同時，歐元區的幾個成員國得更進一步。他們應該給自己十年的時間，來創造財政、社會以及能源的整合。這將會是歐元區的核心，否則，歐元區將會分崩離析。

這也表示在接下來的兩年，我們必須下一個眞正的政治決策。歐洲核心的基石，將會是歐元區的各國逐漸團結，以共同預算、及一種得以迅速進行投資的能力爲中心。未來兩年對歐洲和歐元區來說，都是關鍵。如果這些決定沒有達成，歐洲就不太可能持

80譯注：榮科（Jean-Claude Juncker，1954-）爲第十二任歐盟執行委員會主席，他在二〇一四年甫上任時，即提出榮科計畫（Plan Juncker），以二百一十億歐元成立新的歐洲策略投資基金（European Fund for Strategic Investment），將投資基金與運用私人資金配合，其績效將對經濟產生十五倍的淨效應，總值約達三千一百五十億歐元，以挽救經濟，創造就業機會及促進經濟成長。

81譯注：《歐盟穩定暨成長協定》（Stability and Growth Pact）最早由德國前財政部長魏格爾（Theo Waigel，1939-）於一九九〇年代中期提出，自一九九七年開始正式實施，內容爲歐盟會員國針對財政政策所做的共同協議，目的在維持歐盟經濟與貨幣的正常運作。該協定授權歐盟執行委員會及歐洲議會監督各國財政，對違反國家提出警告或給予制裁，規定會員國年度預算赤字不得超過國民生產毛額的百分之三，以及國債需低於國民生產毛額的百分之六十。近年來，由於越來越多國家加入歐盟，該協定常受質疑欠缺彈性，箝制各成員國發揮最適合本國經濟的施政。如今歐洲經濟面臨衰退，《歐盟穩定暨成長協定》是否需放寬其規定，也成爲重要議題之一。

久。目前，他們因爲分歧的利益而被互相拉扯，也因爲各國的民族主義而弱化。兩年一到，我們依約須給法國人民一個答案。如果我們失敗了，必然會對我們及我們的夥伴造成各種影響。這場捍衛歐洲的戰爭，將是下任總統最重要的任務之一；也是我們能夠擁有主權的條件。爲了達到目標，我們現在就需要說服我們的歐洲戰友。這將是我會著手進行的，特別是和德國與義大利的緊密合作。

然而，歐盟還是與我們緊密相關的。歐盟與其二十七個成員形成的圈子雖然比較大，但這仍然是一個政治與經濟的場域。這是個存在著許多規範的單一市場，擁有面對其他強權的競爭政策與商業政策，同時也是數位化和能源的場域——這迫使歐盟必須建立起自己的制度。

若我們想在國防安全上有所進展，就必然得更深入申根區，並且在最近才剛定案的海岸及邊境守備的執行上，展現更堅定的抱負。我們的共同邊界政策應該要一起決定，並且建立一個在情報與庇護方面，具有雄心壯志的合作政策。

因此，歐盟應該繼續提升規範與保護的能力，因爲歐盟的群聚效應，與往歐元區中心必要的匯流相輔相成。

最後，這一切只有我們將民主視爲行動核心時，才有可能發生。我們不能放任我們的人民以及思想，受到煽動人心的政客或極端主義者壟斷。我們不能把歐盟當成危機處理中心，他們因爲鄰國之間再也不互相信任，而每天都在擴張內部的規範。我們不應該故步自封，這會阻礙我們回應人民的合理期望。

我們得花所有必要的時間交涉，並且重新建立信任。我提議明年開始這個重要的討論，這是個政治上的關鍵時刻，也就是法國、德國以及荷蘭的大選。

我提議所有歐盟國家，在德國於二〇一七年秋的選舉結束後，發起民主公約。在爲期六到十個月的時間裡，各國政府或公民組織都能以公開程序籌備辯論，主題在於歐盟的行動、其執行的政策，以及應該遵守的優先順序。

這些討論的結果，將讓歐洲各國政府構思出一張精確的地圖，上面有幾項共同的挑戰和確實的行動，標示出歐盟採取行動的優先順序，以及他們在未來的五到十年內執行的時程表。接下來，每個國家將依照各國的民主傳統，使這個「歐盟計畫」在政治上生效。而舉辦公投的國家，則必須籌辦相應的政治活動，才能以歐洲的層級進行民主對話。

如此一來，歐盟將會再度取得其合法性，民主辯論將重燃希望，人民再也不會置身事外。但從一開始決定我們的程序將被重新審視時，就如同馬力歐・蒙蒂（Mario Monti）和西爾維・古拉爾（Sylvie Goulard）爲了達成目標而提出的一樣：即使哪個會員國投票反對一項新計畫，也不能阻擋其他國家前進。他們只是單純不參加這個計畫而已。當然，歐洲會因此而更加分化——現在已經是這樣了。但往後將會在分化的狀態下「向前進」，而不是接二連三的退縮。

這樣的重建不會在一夕之間完成，而是需要日積月累。我們應該找到長遠的方向，對未來抱持著願景。但若任務曠日費時，開始著手進行才是更迫切的。

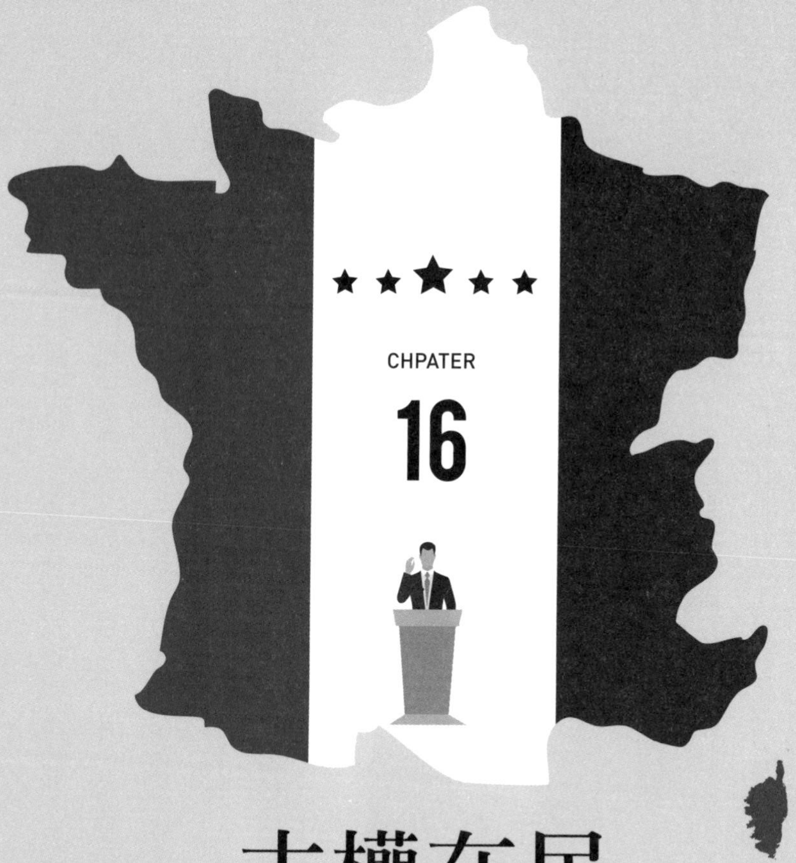

CHPATER

16

主權在民

在法國，對政治以及公民參與的深切渴望，長久以來都是我們國家的驅動力。然而，民主疲乏已經漸漸成形，民眾再也受不了我們習以爲常的所謂「體制」、公共行動的效率低落，以及我們的命運被某些人狹持。這種現象不是法國獨有。許多民主政體，特別是西方國家，也正發生同樣的事。對失勢的畏懼，面對一個崩塌中世界的驚恐，對極端分子或煽動人心的政客的嚮往，都一點一滴累積成這些不滿。

在這樣的情境下，人民以兩個論點來質疑我：「你是體制內的人，能給我們帶來什麼好處？爲什麼都已經那麼多人失敗了，你的作爲就能夠成功改革法國？」

我也有兩個非常直接的答案：我是法國適才適用體制下的產物，我在其中如魚得水，但我從不附和傳統政治體制。我所想的成功，正是因爲我並不求做到每一件事；我要的是陳述一個藍圖，然後說服你們贊成。我要做的每一件事，都會請你們跟著我一起。

日積月累成法國人民的憤怒和拒絕的，是確信握有權力的，是這些和他們再也不相似、再也不理解他們、再也不照顧他們的人。法國人所有的痛苦都來自於此。

因此，許多政治人物說服自己，應該要設立新規範、新法律，而對某些人來說，則是創立一套新的憲法。然而，我們的國家長久以來，都能夠以同樣的憲法向前邁進，也沒有充滿怒氣的民怨。

首先，最重要的是，人的本質是什麼？二戰期間，當法國的政治領袖和高層官員加入抵抗德國的游擊隊、或花了好幾個月帶領裝甲部隊時，他們的作爲和現在完全不同。顯然人民的士氣、歷史觀，以及領袖的人性特質都已經和以往大相逕庭，法國人民都感覺得到。

一九六四年一月三十一日，戴高樂將軍在記者會上，用一句現今仍赫赫有名的話，說憲政「是一種精神、制度，與實踐」，更說第五共和的憲政精神，起源於我們必須「**確保公權力的效率**、**穩定性及負責任**」。這是我期許自己能夠重新達成的目標，這對我們的國家來說，也是一種歷史遺產。

我相信法國人已經對這些經常提出的承諾厭倦了。說要改善制度，要不是「稍作調整」，就是「順應時代需求」，甚至是建立「第六共和」。我不相信法國人會將這樣的改變納入考量，這不會爲他們的問題帶來具體答案。我不否認對某些議題來說——例如總統任期、減少國會議員的人數，或是某某議會的改組——修改我們的體制看來似乎有用，但我一概認爲我們一定要懷著戒愼恐懼的態度，才能改革制度的核心，或是碰觸最基本的法律。當時機成熟，我們就能行動。

依我所見，我們待進行的變革的要素，就存在於實踐中。修改比例代表制的條件，順應民意改善投票程序，採取能夠有效對抗過度規範和朝令夕改的方式。這種類型的措施，才能夠讓政治不要過度以自我爲中心，並能夠對法國及法國人有更好的服務品質。

我們的挑戰在於明辨法國該如何爲自己選擇政治領袖——這些人必須更具代表性，眼界也必須與現世相符。法國人當然會認爲他們的代表和自己已經不太像了。儘管存在著性別平等法，卻只有四分之一的議員是女性。三十三位是律師，五十四位是政府官員，比起這群人在社會上占的比例，他們在議會裡的份量實在重了太多。相反地，我國從事手工業的人數高於三百萬人，卻只有一位議員的出身是手工業者；少數族裔的議員僅只十幾位。

重點不在於依據皮膚顏色或是姓氏來源來數議員的人數。但法國眞正的面貌，與其代表所呈現出來的，兩者之間的差異居然如此之大，我們怎麼能不感到震驚？在不傷害我們的民主系統效率的情況下，讓比例代表制更貼近現實，顯然是一個解決方法。當然，我也考量過這樣的改變會造成的結果：會有更多國民陣線的人被選上，進入國民議會。但我們要如何合理說明，當將近百分之三十的選民宣稱他們把票投給國民陣線時，該黨的代表人數卻這麼寥寥無幾？我們應該做的是與他們的思想相抗衡，而不是阻止他們出席。

然而，我們必須小心，不要從一個極端，陷入另外一個極端。首先，我深信比起實際行動，法國人比較沒那麼在意代表。他們要的是有效率的政治人物，就這樣而已。是我們得讓他們信服，政治場域的變革有助於此。而這也是爲什麼我們必須注意任何投票方式的改革，都不能減低我們的效率，並且有利於眞正的革新——而不是反而讓只聽從其黨派的行動者，以及現有制度的維護者受益。

爲了革新政治場域，規定不得身兼二職也是一種方式。大家都知道，從二〇一七年起，現行法令將禁止參議院或國民議會議員兼任地方行政官員。這的確是好事，但我認爲禁止領取雙薪就已經足夠；眞正應該討論的議題，是讓所有區域都能在參議院裡有該區的代表。但這樣還不足以促進變革。這就是爲什麼我傾向贊成議員不得連任，但我的目的不在於懲罰那些有經驗的當選者，因爲政治就像其他任何領域一樣，也需要機智膽識與能力。然而，當政治不再是任務，而已經變成一種職業的時候，政府官員就不再全心投入，而是只看利益了。

爲了讓政治能夠重新讓法國人受益，我傾向信任投入行動，而不是禁令。關鍵不在於阻止現任人員續任，而在於鼓勵新血投入，特別是那些不是公務員、不是政府官員的同事或受聘於某黨派的人，也不是無黨派的政治工作者。這就是爲什麼我們必須優先考慮候選人的選前經歷，並且直接和勞資雙方的代表合作，來支持這些冒著風險、策劃活動，還有眞正想爲我們國家做事的人！

有些企業設置了一些讓員工能參加選舉的辦法，例如米其林公司；如果他們選上了，在任期結束後，還是能夠回到原來的職位工作，年資累計等勞工權益都不會因爲他們不在其位而蒙受任何損失。

我們也必須支持卸任的官員：要是有這麼多官員想要留任，通常都是因爲他們不知道接下來要做什麼。我們必須用一些方式來協助他們轉職。這是社會對他們的責任，因爲他們將時間奉獻在捍衛我們的社會上。

同時，我們也必須重振已經僵化的政治機關。這一點是民主辯論的死角。現在，各政黨已經放棄他們追求大眾利益的任務，而把重心集中在私人利益上，爲了生存不惜代價。這股歪風無關左派右派，因爲左派右派都是如此；也不專屬於煽動者或共和主義者，因爲不管在極端政黨或共和黨中都一樣存在。這助長了自行遴選派任的方式，還有一些人事上的小安排，然後把認眞投入的人都變成盲從的黨派機器[82]。

如果政黨不變革，那麼他們在國會的代表性就一點用處也沒有。我們不過是把這些機器人，換成別的機器人而已。然而，關鍵正在於讓社會凌駕於政治之上！爲了讓各政黨重振旗鼓，他們應該要找到自己存在的理由：訓練，思考與建議。教育，是讓新的人才得以嶄露頭角，舉例而言，我們可以藉由設立專門學校，來支持想要學習如何在公眾前自我表達與從事政治的年輕人。正因如此，我們所創辦的共和前進黨，應該能夠作爲模範。這就是爲什麼我堅持讓來自文明社會的男男女女，來扛起這些作爲政治官員的責

82 譯注：根據《韋氏詞典》，「apparatchik」一詞源自俄語「apparat」，意爲「黨派機器」。加上後綴的apparatchik被用於形容共產主義政治組織的成員，多指共產黨體系中的一個齒輪，順從黨的命令而運作；引申爲任何在組織或官僚體制下不加思考、只懂盲從的人。

任。他們是我們這個生活圈裡的大多數人；共和前進黨有超過百分之六十的全國或地方代表是政治素人，從來沒有參選過。但在這場新的變革裡，我們也得注意，必須對他們的任期有所限制。

在工會領域中，這種改良後的代表制也一樣重要。若我們要擁有強而有力且不可或缺的工會運動，只能靠著依據員工的選擇，藉由提供人力資源供其調度，來鼓勵工會系統的催生；只能倚賴我們賦予各產業領域與企業的實權；也只能靠工會本身對變革的自覺。這代表設立一些任期固定的職位，重要的是投入與承諾；並且確保這些全國代表不會續任好幾個任期，因爲這將讓他們疏遠員工的日常生活。

不管被選上的代表是政界或工會的，我們絕不能陷入對他們的譴責論述中。我們應該抵制的，是建構一種封閉排外的階級制度，又強制執行自己的規則。比起那些被選上的代表，還更貼近某些政黨和體制的現實。讓我們想想，在我們談論那些當選代表時，我們瞄準的也是在三萬六千五百個市議會中，志願服務的三十七萬五千名法國人，更不要忘記那些不計時間和貢獻的工會代表。

政府高層也不能免於以更高標準來檢視。雖然高層官員本身就有階級之分，又給人一種在檯面下治理國事的感覺，但他們仍是經過競爭而選上的，不像許多黨派的管理階層，是出自縱容與共謀的自行遴選派任。指揮官等級的職缺有將近三百個，而這些人選都是經由每週三的內閣會議直接指派。在這方面，我支持保留法國國立行政學院，以及其他學院機構等的競爭制度——因爲這是一種基於個人強項的篩選。我們當然能改善課程與測驗的性質，但總統選舉的重點不在這裡。

相反地，我們必須從兩種方式，來讓政府高層更現代化。首先，是將更多的管理職開放給非公務員——但這得要國家知道如何當個對人才有吸引力的雇主，而現在卻不是這麼一回事。大家總認爲國家付的薪資微薄，並且通常不懂感激，政治管理階層最常看個人私交來招攬自己的親信，而不是聘用優秀的人選。第二點，是我們現在再也不能接受高層官員，永久享受某些福利了，例如歸屬於某個社交圈，或是擁有隨時重返政壇的權利——這些福利不管是以時代、或是以社會上其他領域的實際做法而言，都已經不再適用了。若一個人是屬於政府高層，那麼他受到保護是正常的，如此能確保其中立與獨立性。但這樣的工作也因爲伴隨著風險，而必須進行更嚴格的評估；尤其，這樣的保護不能任其予取予求。這些待遇只專屬某個公職，而不是針對哪個行政機關的永久保障。

這就是我決定爲參選總統而辭去公職的原因。不是因爲我認爲所有公務員都應該辭職才能參選，是希望我的作爲，能符合自己爲整個社會冒險和負責的論述。

對我來說，我要負的責任，就是找回我們迫切需要的團體士氣。

責任，最重要的是政府對人民、也就是對國民議會的責任。目前，我們的系統讓卸責這件事變得可能，案例不勝枚舉。例如針對利比亞的軍事干涉，英國人成立一個調查委員會，來裁定英國的領導人，是否有充分的理由——即使知道此舉將造成一些地緣政治的結果，對英法聯合進行聽證？反觀我們有做到這點嗎？即便做到了，但我們要求的程度令人滿意嗎？所有對國家安全有重大影響的事件，都應該先經過國民議會的調查制度。

同樣地，部長們的責任感也應該被提升。重要的是以透明的方式，去審查每位接受任命的部長的廉潔與正直。這就是爲什麼各部會公務員的任職，都必須先以無犯罪記錄爲前提；現行公務員的遴用制度已經採用這種方式。而且，我們在共和前進黨內的管理職，也必須經過相同的審視。如果是被指定參與國會正式聽證會的人，那他的專長和潛力也應該受到檢視。部長一接受任命，就必須能夠對其統轄的行政機關、談判對象以及相關產業執行職權。

最後，也是最終極的責任，就是政治。我們需要對現今已經不合時宜的做法進行變革。舉例而言，即使敗選、或受到民主的處分，也沒有人會離開政治場域。政治責任也意味著接受遊戲規則，在迷失的時候，要擁有從中得到教訓的尊嚴。我們能夠認眞想像有人能主宰法國的命運、或只是參選，但其人的個人操守卻備受質疑嗎？我不這麼認爲。我們對這個問題的態度必須很明確。每個人在人生中都可能犯錯，這就是人性。我們都有權利彌補過去可能犯下的錯，這就是公平正義。但如果有個政治領導人，想謀取全國最有權力的職位並代表國家的時候，我認爲不是所有錯誤都能相提並論。其中有些錯誤，是會讓你徹底失去資格的，例如「妨礙公共行政」、「損害國家權力」，或是政治獻金等等。若是這些案例，就應該要有自行退出的廉恥心。無論如何，這是我對承諾和政治責任的認知。因爲在要求別人讓你負責之前，應該先知道如何對自己負責。

爲什麼我們會更有效率？爲什麼我們能夠抵達其他人到不了的地方？

首先，因爲我不認爲失敗是必然的。如果我們想要政治能再次爲法國人帶來益處，就必須致力於讓政治有效率。

今天，法國人覺得他們的政府再也無法治理法國，無論在哪項議題上，例如關於歐盟、政黨、市場、民調和街頭——掌權的人到底是誰，人民充滿疑惑。因此，政府應該重新調適並解釋其行動，因爲解釋是讓社會得以接受的方式。當政府態度不明朗的時候，人民就會群起反抗。爲什麼一九九五年的改革[83]會遭到社會阻撓？因爲總統在計畫、總理在執行職權的時候，都沒有努力解釋。爲什麼勞動法引起這麼強烈的憤慨？原因是一樣的。因爲總統和總理都沒有花時間說明。我們應該要能夠溝通、解釋，而不是只會做公關。然而今天，發推特、發新聞稿的政府，已經取代了耗時費力闡明的政府。因此，我們必須創造讓政府得以清楚說明的環境。而且，爲了要清白地統治，對我們沒有採取的行動或是無能爲力的情況，都必須盡力消除疑慮。這就是對公開透明的要求。

要有效率，就得終止毫無節制的立法、過度套用歐洲共同市場的規範、以及爲某些目的特別制定的法律。將所有議題都變成規範或法律這個法國長久以來的陋習，已經變得令人無法接受了。在十五年內，勞動市場法規的改革就接二連三地進行了五十次！於此同時失業率卻不斷上升，這就是法律不是萬靈丹的最好證明！

我們在準備制定一項新法規時，應該先對其涉及的情況，進行完整的評估。更廣泛地說，我們必須藉由改變組織、招聘方式以及行政方法，來終結這個傳承自十九世紀的想法——認爲制定法律就是公共行政的最後一個步驟。制定法律的目標應該是計畫的實踐，而不只是規範的公告。然而，前提是政治行動者必須有眞正的「變革」。當公共政策是和爲其規劃的公民一起制定的時候，會更有效率，像是對抗貧窮、學校政策以及其他許多行動。

接著，法令正文的討論必須更迅速。爲了配合民主程序所需的時間，及在現實生活與商業世界中決策的時程，這是刻不容緩的。我自己就親身經歷過，在檢視經濟改革法

83譯注：一九九五年十一月，由當時甫當選半年的總統席哈克和總理阿蘭・朱佩（Alain Juppé）所帶領的法國政府提出了一系列改革計畫，內容包括公共服務、社會保險制度和年金體制等，稱之爲「朱佩計畫」。此改革遭遇包含公務員和私營企業員工的強力反彈。當年十一月底至十二月中，幾大工會發動了罷工，對法國各行各業影響甚鉅，尤其是在運輸業、郵政、電訊傳播、教育和醫療等領域。十二月十二日的大遊行更是在全法國號召了約兩百萬人參加。面對這自一九六八年以來最大規模的抗議，政府不得不讓步，撤回年金體制改革等措施，但社會保險制度改革的計畫得以保留。

案（la loi pour la croissance et l’activité）時，花了幾百個鐘頭，先是在委員會、接著在議會會期間，三番兩次地和相同一群人辯論同樣的法條！今天，大家都知道投票通過法案平均需要超過一年的時間，通過政令的執行也是，除非是特例。顯然我們應該重新審視採用法律的程序。

同時，我們應該對正在推行的政策進行更完整、更具系統性的評估，並且強化政府行動的監督。看看目前有多少通過的法案沒有執行？多少執行的法案沒有達到他們最初的目標？因此，每通過一項法案，就必須在其執行兩年後，評估該法案的效益。每個重要的法案內文都必須包含廢止條款，若缺乏具說服力的評估，該條款就應該自動適用。

最後，要有效率，就是要確保我們所執行的法令具有穩定性。在同個任期內，我們不能每隔半年或一年，就修改一個稅務或公共政策的結構。我剛才提到的評估程序是一道有效的防線，但只有這樣還不夠。我希望在五年的任期內，能夠承諾只修改一次稅法，或是只有一次對公共政策的改革。對效率來說，這是一個不可或缺的要素。

當然，以上的一切，都必須和國家組織的變革齊頭並進。在這點上，我們同樣需要的是節制和穩定；只需要幾位部長和穩定的權責範圍就夠了。法律、規範與內閣應該界定出一個框架，但現今各地的自主權是非常重要的。國家應該將權力賦予那些更了解眞實情況，可能任職於醫院、高中、國中、派出所、或是監獄的行動者，並給他們更多的信任。他們應該獲得更多自主權，因爲其中每一個人都面臨著中央政府無法解決的特定問題。

在這方面，所謂的地方分權，就是一個關鍵新階段。這代表把權力和責任從中央政府，轉移到地方行政機關——也就是直接和民眾接觸的單位。因爲地方行政官員知道解決方法，而且通常能和其他利益關係人達成確實的協議，但以中央政府部門的邏輯而言，會更花時間、比較不具彈性，也和當地的眞實情況天差地遠。

國家組織的重新改造，邏輯上意味著重新檢視行政機關和公務人員的管理方式。我們必須打造一個更開放、更機動的系統。開放，指的是在公務職涯的每一個階段與層級，都更鼓勵從私人企業聘雇具多元特質的人才。機動，是爲了更能回應使用者的需要，讓需求最多的地方，分派到最多的公務人員，同時也能提供他們新的職業機會。

我們都看到現在的公務機關，已經不再符合人民的期待，以及國家、醫院或是地方行政區域的眞實情況了。這並不是公務員的錯，我想在這裡重申他們的貢獻及服務精神。但是，爲了他們，也爲了法國人，我們必須正面面對自己目前的不足。

我也意識到國家組織這樣的變革，將和一直以來的習慣相抵觸，但爲了更有效率並促使公務人員的積極作爲，改革是必要的。

更廣義來說，我對新的分享式民主有信心。我認爲我們要成功，就是必須把信任和更大的權力，交付給法國人民。這種新型態的分享式民主，應該能夠賦予所有最適得其位的人，行動的能力與資源。

我們所需要的，是打造一個契約共和國（République contractuelle）。一個相信地方政府、相信社會、相信各行動者，來進行革新的共和國。這意味著一項我們還不習慣的守則：讓負責行動的人擁有更多自主權；敢於實驗，實驗哪些方式能夠運作，哪些做法值得努力執行、哪些又必須盡快中止；看看所有社會能做得比國家好的事，然後將責任交出去。

我對民主的認知，不是把國家的治理都交給政治領袖的被動人民。健康與現代的民主，是由主動參與國家變革的積極公民，所組成的政體。

當然，國家還是扮演著核心角色。這個角色甚至應該要更強化，因爲許多領域都需要國家更深入的參與。爲了執行其任務，國家應該掌握所有必須的資源。爲了保護人們不受生命中各種重大危險的損害，國家也必須重新爲社會導正方向。爲了確保我們的經濟順利運作，國家應該維持公共經濟的秩序。

地方行政機關及其官員應該扮演更重要的角色，並且掌握盡可能貼近地方需求的能力與自由度。未來幾年將是權力轉移的新階段，我們必須選擇成爲權力轉移目標的地方機關。這樣的去中央化必須由強烈的實用主義支持，然而過去時有不足之處。

社會夥伴應該負更大的責任，以決定在各領域及企業中的工作條件。社群協會也該占有更重要的地位，就像在目前的健康、教育、社會行動、社會整合……等各領域中一樣。

從現在起，人民本身也應該視自己爲公共政策的主動行動者，而不只是被治理的人。我希望能定義每一個人的責任範圍，但將權力交給眞正做事的人。

我們有不可多得的機運：法國人不想屈服，而是想要投入。他們已經參與其中了，而且涉入越來越深！因此，我們必須更支持他們、更爲他們著想。因爲他們才是我們今天、以及每一天的豪傑。

原因在於有許多重要行動，是由其中多數人實踐的。他們出於善意，不爲私利，只爲其他人而參與。不管他們是積極組織活動、執行公務或在非營利組織當義工，許多人犧牲的，是自己的家庭團聚、晚間聚會的時間——例如幾百萬名參加各個非營利組織的法國人，或是爲我們的社會安全而投入的二十萬名義消人員……。我爲人人的志向，散布在這片土地的每個角落。在企業、社團、非營利組織、工會和地方行政機構裡遍地開花。公權力應該繼續支持他們，讓這股能量結成果實；應該協助他們、相信他們，並且給他們更多彈性。這樣的全民參與，是我們行動鏈的最後一個環節，支撐著我們的國家、確保我們的團結一致和凝聚力。這樣的參與，是我們在各地公共行動的效率的先決要件，讓團結、平等和自由不再是空談。法國人擁有對國家及對其他人的熱誠；他們想要的是服務，而不是服從！讓我們支持他們的行動。

我有一股堅定的信念。只要法國人能再次團結合作，我們就能夠放膽迎接未來，並且用我們的雙手，形塑自己的命運。我希望在這之前所有的書頁，呈現的都是這股信念；驅使我將寫下這本書的，也是這樣的意志。

這段歷險的起點，是那些把前進看得比什麼都重要的男男女女。我們全都相信，要達到目標，就必須信任我們的公民，也絕對不能脫離眞實。

我熱愛法國人無私的單純。很多人對政治從來都不熱衷，但每天，都有人決定加入我們，參與這前所未有的創舉。我也仰慕來自社會各個角落的每一個人，他們傑出地成功跨越過去的鴻溝，爲了共同的未來，找到自己的定位。

他們正在重新建構政治最崇高的要素：**改變現實，付諸行動，將權力回歸給法國人民。**

後記

我們每個人，都是結合了各自的過往、師長的教導、親友的信任，以及克服失敗所造就的。在我寫下這幾行字的時候，我想起撫養我長大、讓我嘗到付諸行動，以及爲人服務是何種滋味的人。我很清楚對他們的虧欠，以及他在我心中深深烙印下的決心。那些一路陪伴我、現在卻已經不在的人，他們還認得我們的世界嗎？世界的變化如此之大，偶爾讓我們惶惶不安。

然而，我相信我們進入的二十一世紀，是充滿希望的世紀。

一直以來，支持我服務法國的，就是這份樂觀的意志。

正在成型的數位、生態、科技，以及產業變革不計其數。法國也應該在其中占有一席之地。我們不應該放任自己和美國、甚至和中國之間的差距越來越遠——這個每天都越發耀武揚威的大陸國家。

重振歐盟是我們在全球化裡的機會。法國必須找回對自己的信心，和我們已經欠缺多年的能量——我知道他們是存在法國人民心中的。只有在滿足這兩種前提的情況下，我們才會成功。

為此，每位在法國的人，都必須重新找到自己的位置。

為了指揮這場戰役，法國總統的責任重大。我對此非常了解。總統不只是被賦予行動的權力而已。他也以一種比較不為人所知的方式，承載著這個國家凌駕於政治之上的一切——我們國家的價值、歷史的延續，也悄然地帶動公共領域的活力與尊嚴。

我準備好了。

因為，我最堅定的理念，就是我們一定能夠達到目的。當然，我們不會某天早上醒來，信念就突然一夕成真。這個參選法國總統的決定，是源自一個既深刻且遠大的信念及歷史感。我在這本書裡提到，我也經歷過其他的生活體驗。這些經驗將我從外省帶到巴黎，從私人企業到公共領域。在我任職部長時，那些我該負的責任，讓我能夠確實衡量我們這個時代的挑戰。就是這些人生歷練，引領我走到這一刻。

我希望我的國家能夠再次昂首闊步，並且爲此找回我們千年的歷史傳承：就是解放人民與社會的大膽計畫。這樣的構想很法式：爲了讓人類能夠自主而不惜一切。

我無法狠下心看著恐懼的法國。一個除了過往回憶之外什麼都不想看、只會口出惡言與排外的激進法國；和一個疲累倦怠、停滯不前及應付了事的法國。

我想要一個自由及自豪的法國；爲其歷史、文化、風景、數以千計流入我們海洋的河流、山脈，還有經歷許多考驗，卻不專屬於任何一個人、令每一個法國人自傲的法國。

我想要一個能夠傳達文化與價值觀的法國。一個相信我們的運氣、敢於冒險也懷抱希望的法國；一個從不接受不當利益、也不沈溺於犬儒主義的法國。我想要一個有效率、公平、肯冒險創新的法國；每個人都能選擇自己的生活、能夠自力更生的法國。一個團結合作、體貼弱者，並且信任法國人的法國。

你們會告訴我這一切都是夢想。是的，法國人在過去曾經夢想過類似的事。他們選擇了革命。有些人甚至在比那更早之前，就曾經這樣夢想過。接著，我們以放棄、遺忘，來背叛這些夢想。是的，這些都是夢想。夢想的實踐需要的是高度、是要求、是承諾，我們的承諾。爲了在法國讓自由和進步攜手並進，這是我們非得達成的民主變革。
這是我們的天職，就我所知，沒有什麼比這更令人欽羨的了。

PEV0436
變革的力量 Révolution　法國史上最年輕總統 馬克宏唯一親筆自傳

作　　者—馬克宏Emmanuel Macron
譯　　者—林幼嵐
主　　編—林潔欣
企劃主任—葉蘭芳
封面設計—江孟達
內頁設計—李宜芝
內頁排版—游淑萍

董 事 長—趙政岷
出 版 者—時報文化出版企業股份有限公司
10803臺北市和平西路3段240號3樓
發行專線－（02）2306-6842
讀者服務專線－0800-231-705・(02)2304-7103
讀者服務傳真－(02)2304-6858
郵撥－19344724　時報文化出版公司
信箱－臺北郵政79～99信箱
時報悅讀網—http://www.readingtimes.com.tw
法律顧問—理律法律事務所 陳長文律師、李念祖律師
印　　刷—盈昌印刷有限公司
初版一刷—2019年9月12日
定　　價—新臺幣380元
（缺頁或破損的書，請寄回更換）

時報文化出版公司成立於一九七五年，
並於一九九九年股票上櫃公開發行，於二〇〇八年脫離中時集團非屬旺中，
以「尊重智慧與創意的文化事業」為信念。

變革的力量：法國史上最年輕總統馬克宏唯一親筆自傳／馬克宏（Emmanuel Macron）著. -- 初版. -- 臺北市：時報文化, 2019.09
面；公分. -
譯自：Révolution
ISBN 978-957-13-7927-2（平裝）
1.馬克宏（Macron, Emmanuel, 1977-）2.傳記

784.28　　10801336

ISBN 978-957-13-7927-2
Printed in Taiwan